KB201111

각 시대에 나타난

하나님의 역사

י־אתה הורתני מכל־ארח רע כלאתי רגלי למען אשמר דברך מזקנים אתבונן כי פקודיך
בונן על־כן שנאתי כל־ארח שקר מה־נמלצו לחכי אמרתך מדבש לפי ממשפטיך לא
ני כדברך נשבעתי ואקימה לשמר משפטי צדקך נר־לרגלי דברך ואור לנתיבתי מפק
כפי תמיד ותורתך לא שכחתי נדבות פי רצה־נא יהוה ומשפטיך למדני נעניתי עד־מא
קב נחלתי עדותיך לעולם כי־ששון לבי נתנו רשעים פח לי ומפקודיך לא תעית
תרי ומגני אתה לדברך יחלתי סעפים שנאתי ותורתך אהבתי נטיתי לבי לעשות חקיך
חקיך תמיד סמכני כאמרתך ואחיה [illegible] משברי סורו־ממני מרעים ואצרה מצור
עי־ארץ לכן אהבתי עדתיך סלית [illegible] כי־שקר תרמיתם סעדני ואושעה
שיתי משפט וצדק בל־תניחני לעשקי [illegible] וממשפטיך יראתי סגים השבת
ך כחסדך וחקיך למדני עיני כלו לישועתך ולאמרת צדקך ערב עבדך לטוב אל־יעשקני
ותיך מזהב ומפז עת לעשות ליהוה הפרו תורתך עבדך־אני הבינני ואדעה עדתיך עשה
ותיך על־כן נצרתם נפשי על־כן כל־פקודי כל ישרתי כל־ארח שקר שנאתי על־כן אד

각 시대에 나타난

하나님의 역사

인 쇄 | 2015년 12월 03일

발 행 | 2015년 12월 10일

발 행 처 | 예수교대한성결교회 총회(도서출판JKSC)

발 행 인 | 송덕준

편 집 인 | 조일구

편 집 | 예수교대한성결교회 총회 교육국

등 록 | 1974.2.1. No. 300-1974-2

주 소 | 03026 서울 종로구 인왕산로1가길 11

전 화 | 070-7132-0020~1

팩 스 | 02-725-7079

www.sungkyul.org

제 작 | 도서출판 하늘기획

값 6,000원

각 시대에 나타난

하나님의 역사

도서출판

추천의 글

시대를 변혁시키는 일꾼이 되라!

하나님 우리 아버지와 주 예수 그리스도로부터 은혜와 평강이 성결가족 여러분과 함께 하시길 기원합니다.

하나님은 각 시대마다 사람들을 부르시고, 찾으시고, 만나주시며, 긍휼과 격려와 능력으로 함께 하심을 알 수 있습니다.

금번 "각 시대에 나타난 하나님의 역사"를 주제로 만들어진 교재는 각 시대마다 역사하시는 하나님의 약속과 성취하심, 그 섭리와 사명을 이루어 가는 사역적인 측면 그리고 여러 가지 위기상황에서 구원하시는 하나님의 손길을 살펴보았습니다.

어떤 분들은 성경 속에 나오는 인물들과 그들에게 역사하신 하나님의 은혜와 인도하심을 묵상하면서 남의 이야기로 생각하는 경향이 있습니다. 그런데 성경은 살아계신 하나님의 말씀이요, 생명의 진리로 지금도 역사하고 있음을 알아야 합니다. 그래서 교재를 통해 하나님의 은혜를 받으시고 성령의 감동과 인도하심 가운데 우리들도 이 시대에 하나님이 쓰시기에 합당한 일꾼들이 되어야 하겠습니다.
교재 출간을 위해 목회사역의 현장에서 바쁘신 가운데서도 귀한 시간을 할애하여 깊은 기도와 말씀연구로 보배로운 원고를 집필하여 주신 목사님들께 감사를 드립니다.

사랑하는 성도 여러분!
본 공과가 오늘도 동일하게 역사하시는 하나님의 말씀을 통해 은혜와 위로와 평강을 얻으시고, 생활 속에서 체험하며 믿음으로 승리하는 성결한 그리스도인으로 행복한 신앙생활이 되시길 간절히 소망하고 기대하며 추천합니다.

오직예수! 송덕준 목사
예수교대한성결교회 총회장

이렇게 사용하세요

1. 본 교재의 특징

(1) 회원용과 인도자용 구별하지 않았습니다.

(2) 개인적으로 읽거나 소그룹 별로 함께 나눌 수 있도록 구성했으며 구역이나 속회, 셀 모임에서 사용할 수 있도록 예배 형태로 구성했습니다.

(3) 쉬운 책입니다.
전체 흐름이 '각 시대에 나타난 하나님의 역사' 라는 주제로 구성되었으며 성경을 중심으로 한 쉬운 본문으로 이루어져 있습니다.

(4) 단순한 책입니다.
지금도 동일하게 역사하시는 하나님을 체험하며 어려운 환경에서도 승리할 수 있도록 구체적이고 단순하게 가르치고 인도해 줍니다.

(5) 부담 없는 책입니다.
모임에 참여하는 성도들이 편하고 재미있게 접근할 수 있도록 알차게 구성했습니다. 또한 성경을 공부하는 것에서 끝나지 않고 실제적으로 적용할 수 있는 말씀 실천하기와 합심 기도를 서로 나눌 수 있도록 했습니다. 이를 통해 주님의 명령을 혼자만이 아닌 공동체 전체가 말씀 앞에 순종하고 결단의 기도까지 할 수 있도록 이끌어 줍니다.

(6) 교회력에 따라 절기(부활, 맥추, 추수, 성탄)는 부록으로 편집하여 활용도를 높였습니다.

* 성경은 개역개정 4판을, 찬송은 새찬송가를 기준으로 했습니다.

2. 예배형태로 진행시 사용방법

문안 ▶ 신앙고백 ▶ 찬송 ▶ 기도 ▶ 말씀(살피기, 나누기, 실천하기) ▶ 합심 기도하기 ▶ 찬송(헌금) ▶ 헌금기도 ▶ 주기도문 ▶ 광고(다음 모임) ▶ 교제와 친교

(1) 진행방법

① 회원들이 모이면 서로 문안하고 받을 은혜를 위해 각자 기도합니다.
② 사도신경으로 신앙을 고백하고 찬송을 부른 후 대표기도(회원 가운데)를 합니다.
③ 이룰 목표를 다 같이 읽습니다.
④ 교재의 성경말씀을 한 절씩 돌아가며 읽습니다.
⑤ 새길 말씀은 본문의 핵심구절이기에 암송하면 유익합니다.
⑥ 말씀 살피기의 질문을 회원들과 함께 나눕니다.
⑦ 말씀 나누기를 인도자가 선포합니다.
⑧ 말씀 실천하기를 함께 나눕니다. 금주의 실천사항을 한 가지 적습니다.
⑨ 합심 기도하기 제목과 긴급한 기도를 놓고 합심으로 기도합니다(회원 가운데 성령의 인도하심을 따라 마침기도를 하는 것도 유익합니다).
⑩ 예배 형태로 진행시 헌금찬송과 함께 헌금을 드립니다(미리 헌금봉투에 담아 준비합니다).
⑪ 광고시간에 다음 모임의 장소와 시간을 정하고 모임과 행사 등을 광고합니다.
⑫ 예배 형태로 진행시 주기도문으로 예배를 마칩니다.

(2) 사용방법

① **이룰 목표** 해당 모임 시간에 이룰 목표의 큰 그림을 설명해 놓았습니다.
② **말씀 살피기** 본문에 기록된 간단한 질문과 답을 통해 본문 내용의 이해를 돕습니다.
③ **말씀 나누기** 본문 말씀과 주제를 중심으로 쉬운 본문 해설을 제공합니다.
④ **말씀 실천하기** 전체 교육 내용을 정리해서 다시 한 번 핵심을 강조합니다. 삶에 적용할 수 있는 탁월하고 예리한 질문들을 통해 삶으로 말씀을 실천할 수 있는 유익을 줍니다.
⑤ **합심 기도하기** 본문을 통한 구체적인 기도의 방향과 제목을 제공합니다.

* 첫 모임 시간에 회원 간의 기도제목을 나누고 함께 기도합니다.

차 례
CONTENTS

추천의 글 _ 4

이렇게 사용하세요 _ 6

PART 1 고대왕국 형성시대 _ 12

- 창조시대에 나타난 하나님의 역사

01 창조주 하나님의 상속자 창 1:26~31 _ 14

02 인간을 향한 하나님의 사랑과 구원 창 3:16~21 _ 18

03 노아와 무지개 언약 창 9:8~17 _ 22

04 창조의 주 하나님의 심판 창 11:1~9 _ 26

- 족장시대에 나타난 하나님의 역사

05 소망의 주 하나님의 계획 창 12:1~9 _ 30

06 이해되지 않아도 순종한 아브라함 창 22:11~19 _ 34
07 야곱의 씨름하는 기도 창 32:24~32 _ 38
08 소망의 주 하나님의 섭리 창 50:15~26 _ 42

• 출애굽 광야시대에 나타난 하나님의 역사
09 능력의 주 하나님의 인도 출 3:1~12 _ 46
10 동역자와 함께한 승리 출 17:8~16 _ 50
11 의로운 소수의 강력한 힘 민 14:4~10 _ 54
12 능력의 주 하나님의 동행 신 31:14~23 _ 58

PART 2 가나안 정착시대 _ 62

• 가나안 정복시대에 나타난 하나님의 역사
13 순종으로 무너진 여리고성 수 6:1~21 _ 64
14 아이성 전투의 영적 교훈 수 7:1~15 _ 69
15 기브온과 약속을 지킨 여호수아 수 10:1~14 _ 74
16 신앙의 사람, 갈렙 수 14:6~15 _ 79

• 사사시대에 나타난 하나님의 역사
17 이스라엘의 구원자 옷니엘 삿 3:7~11 _ 84
18 믿음의 여사사 드보라 삿 4:1~16 _ 88
19 준비된 입다, 사사가 되다 삿 11:1~11 _ 93
20 실패를 극복한 삼손 삿 16:15~31 _ 98
21 선택의 기로에 선 나오미의 가족들 룻 1:6~14 _ 103
22 하나님께 집중한 사무엘 삼상 7:1~14 _ 109

PART3 왕국시대 _ 114

• 단일왕국시대에 나타난 하나님의 역사

23 다윗의 롤모델이 된 요나단 삼상 20:1~34 _ 116

24 다윗과 언약하신 하나님 삼하 7:1~17 _ 121

25 듣는 마음을 구한 솔로몬 왕상 3:4~15 _ 126

• 분열왕국시대(남 유다)에 나타난 하나님의 역사

26 아사 왕의 신앙개혁 왕상 15:9~15 _ 131

27 히스기야와 함께 하신 하나님 왕하 18:1~8 _ 135

28 므낫세 왕의 범죄 왕하 21:1~18 _ 139

29 성전수리와 하나님의 뜻 대하 34:8~21 _ 144

30 너희 길과 행위를 바르게 하라 렘 7:1~11 _ 148

• 분열왕국시대(북 이스라엘)에 나타난 하나님의 역사

31 힘의 원천 왕상 17:1~7 _ 153

32 엘리야의 경건의 삶 왕하 1:1~16 _ 158

33 하나님이 원하시는 섬김(봉사) 왕하 4:8~16 _ 162

34 치료하시는 하나님 호 7:1~7 _ 166

PART4 왕국멸망시대 _ 172

• 포로시대에 나타난 하나님의 역사

35 그날 밤에 에 6:1~9 _ 174

36 마른 뼈들의 부활사건 겔 37:1~14 _ 178

37 신앙의 위기와 극복의 비결 단 3:13~30 _ 182

38 다니엘의 신앙 단 6:1~10 _ 186

• **포로 귀환시대에 나타난 하나님의 역사**

39 이스라엘의 귀환 대하 36:22~23 _ 190

40 하나님의 감동 스 1:1~6 _ 194

41 이스라엘의 신앙 부흥 운동 느 8:1~18 _ 198

PART5 신약시대 _ 204

• **예수그리스도시대에 나타난 하나님의 역사**

42 죄인의 친구가 되어 주신 예수 그리스도 마 9:9~13 _ 206

43 예수님은 누구신가요? 요 1:1~14 _ 210

44 어떤 병자의 부활 요 11:1~15 _ 215

45 보혜사 성령 요 14:16~17 _ 219

• **사도시대에 나타난 하나님의 역사**

46 성령님과 교회 행 1:8, 2:41~47 _ 224

47 하나님의 은혜로 변화되는 삶 행 9:1~9 _ 228

48 주 예수를 믿으라 행 16:16~31 _ 232

PART6 절기 _ 236

• **소제목**

49 주님의 무덤에서 받은 은혜 마 28:1~10 _ 238

50 감사하는 인생 레 23:9~14 _ 243

51 뜻 있는 추수감사절 신 16:13~17 _ 247

52 준비하는 성탄 마 2:1~12 _ 252

주의 법을 사랑하는 자에게는 큰 평안이 있으니
그들에게 장애물이 없으리이다(시편 119:165)

고대왕국 형성시대

PART 1

창조주 하나님의 상속자

본문 말씀 창 1:26~31

이룰 목표
- 사람은 하나님의 형상으로 지음 받았음을 배운다.
- 하나님의 상속자로 살 때, 삶의 의미를 찾을 수 있음을 깨닫는다.

말씀 살피기
- 하나님이 사람에게 맡겨주신 일은 무엇입니까?(26절)
- 하나님이 사람에게 주신 복은 무엇입니까?(27절)
- 하나님이 지으신 모든 것을 보시고 어떻게 말씀하셨습니까?(31절)

소그룹예배 인도 순서

사도신경	다 같이
찬 송	79장(통 40)
기 도	회원 중
본문 말씀	창 1:26~31
새길 말씀	창 1:26
헌금 찬송	478장(통 78)
헌금 기도	회원 중
주기도문	다 같이

말씀 나누기

성경은 사람의 창조에 대하여 명확히 동물과 구별하고 있습니다. 하나님께서는 첫 삼일 동안 지구의 모든 생물이 살 수 있는 공간, 즉 빛, 궁창(하늘), 땅과 바다, 각종 식물과 나무를 만드셨습니다. 그리고 넷째 날부터 해, 달, 별들을, 다섯째 날에는 어류(물고기)와 조류(새)를, 마지막 여섯째 날에는 육지 동물을 만드셨습니다. 이 모든 것을 마친 후, 비로소 사람을 만드셨습니다.

하나님은 사람을 특별히 구별되게 만드셨습니다. "하나님이 이르시되 우리의 형상을 따라 우리의 모양대로 우리가 사람을 만들고"(26절)라는 말씀처럼 다른 피조물과는 다르게 만드셨음을 알 수 있습니다. "형상"은 하나님과 사람 사이의 구체적인 닮은꼴을 말합니다. 즉 사람은 하나님의 성품을 닮아 이성적, 윤리적, 종교적 능력을 지닌 존재로 창조되었음을 알 수 있습니다. 이 세상에 있는 그 어떤 동물과도 다른, 하나님께서 유일하게 창조하신 생명체인 사람의 기원과 그 목적을 살펴보며 가장 인간다운 삶이 무엇인지 알아보겠습니다.

1. 하나님은 자신의 형상과 모양으로 사람을 창조하셨습니다

학교는 사람이 동물에서 진화되었다는 가설을 가르칩니다. 또한 동물처럼 본능을 따라 사는 것이 가장 인간다운 삶이라고 생각하게 만듭니다. 세계 어느 곳에서는 자연과 함께 사는 것이 가장 좋다고 말하며 나체로 살아가는 사람도 있습니다. 또 어떤 사람들은 본능대로 말하고 사는 것이 참 자유라고 생각하며 살아갑니다. 정말 동물처럼 사는 것이 우리 인생을 값지게 살아가는 것일까요?

만약 동물처럼 본능대로 산다면, 물고 뜯고 싸우며, 약육강식의 원리에 따라 살아가게 될 것입니다. 가뜩이나 경쟁으로 인해 메마른 사회에 기름을 뿌리는 것과 같습니다. 이것은 사람들이 하나님을 모르고, 사람을 동물 중의 하나로 보기 때문에 일어나는 현상입니다.

사람은 하나님의 형상을 따라 지음 받았습니다(26절). 이 세상 생명체와는 전혀 다른 존재입니다. 식물도 생명이 있습니다. 식물에게도 '살았다. 죽었다.' 는 표현을 사용합니다. 동물도 사람처럼 생명이 있고 움직이며 살아갑니다. 그러나 식물이나 동물이 하나님으로부터 창조되었지만, 하나님의 모양과 형상으로 지음 받은 것은 아닙니다. 오직 사람만이 하나님의 형상을 따라 지음 받았습니다.

"여호와 하나님이 땅의 흙으로 사람을 지으시고 생기를 그 코에 불

어넣으시니 사람이 생령이 되니라"(창 2:7)

2. 하나님은 사람으로 세상을 다스리게 하셨습니다

하나님께서는 인간을 자신의 형상대로 지으시고, 인간으로 하여금 온 세상에 있는 모든 것을 다스리도록 창조하셨습니다. 하나님은 사람이 세상을 다스리도록 하나님의 형상을 갖게 하셨습니다.

다스리기 위해 하나님의 형상을 가졌다는 것은 정말 중요합니다. 이 세상의 다른 피조물과는 다른 존재이며, 다른 능력을 가졌다는 의미입니다. 다스리기 위해서는 그만한 능력이 있어야 합니다. 그래서 하나님은 자신의 능력을 닮은 사람을 창조하셨습니다. 사람만이 하나님의 내적, 외적 능력을 닮은 영적인 존재로서 하나님의 형상을 갖고 있습니다.

다스릴 수 있는 사람의 모든 능력은 동물과 비교할 수 없을 만큼 뛰어납니다. 말하는 능력, 생각하는 능력, 창조적인 능력, 그 어느 것 하나 동물이 따라올 수 있는 것은 없습니다. 그 이유는 바로 인간만이 하나님의 형상을 따라 이 세상을 다스리도록 창조되었기 때문입니다.

"새 사람을 입었으니 이는 자기를 창조하신 이의 형상을 따라 지식에까지 새롭게 하심을 입은 자니라"(골 3:10)

3. 하나님의 복은 하나님의 상속자로 살아가는 것입니다

하나님께서 세상을 다스리라고 하신 것은 사람이 하나님으로부터 왔으며, 하나님을 아버지로 모시고 살아가기 때문입니다. 하나님께서 주신 복은 바로 하나님의 자녀, 즉 상속자라는 사실입니다. 그러므로 자녀로서 삶을 살아갈 때 하나님의 목적에 맞는 삶을 사는 것입니다.

모든 물건에는 만든 목적이 있습니다. 사람도 마찬가지입니다. 하나님께서 창조하신 목적에 맞게 살아가야 합니다. 사람은 하나님의 자녀로서 상속자입니다. 사람이 생육하고 번성하고 충만하고 땅을 정복하며 세상을 다스리는 것이 바로 하나님의 복입니다(28절).

그런데 세상은 하나님의 형상을 가진 사람이 서로 짓밟는 것을 당연한 것처럼 여깁니다. 하나님께서 생육하고 번성하고 충만하고 정복하라는 것이 동물처럼 서로 물고 뜯으라는 것이 아닙니다. 사람들이 이 세상을 잘 다스리지 못하고, 단지 자신을 위한 도구로써만 사용하면서 서로 차지하기 위해 훼손하며 살아가는 것이 잘못됐다는 것입니다. 하나님의 형상을 지닌 사람으로서 서로 격려하며, 사랑하며, 서로 도우면서 세상을 잘 관리하고 다스리라는 말씀입니다.

하나님을 닮아가며, 하나님의 목적대로 살아가는 것이 상속자의 삶이며, 의미 있고 복된 삶입니다.

"우리로 그의 은혜를 힘입어 의롭다 하심을 얻어 영생의 소망을 따라 상속자가 되게 하려 하심이라"(딛 3:7)

말씀 실천하기

* 하나님 아버지의 모습을 닮아 가고자 다짐합니까?
* 하나님의 형상을 지닌 사람으로서 세상을 잘 관리하며 살고 있습니까?

합심 기도하기

* 하나님의 형상대로 지음 받았음을 깨닫고 복된 인생을 살게 하옵소서.
* 더불어 살아가는 삶을 통해 사랑의 전도자 되게 하옵소서.

인간을 향한 하나님의 사랑과 구원

본문 말씀 창 3:16~21

이룰 목표
- 인간은 거룩하게 창조 되었지만 약함과 죄로 인해 실패했음을 안다.
- 하나님의 상속자로 살 때, 삶의 의미를 찾을 수 있음을 깨닫는다.

말씀 살피기
- 하나님께서 여자에게 내린 저주는 무엇입니까?(16절)
- 하나님께서 아담에게 내린 저주는 무엇입니까?(17절)
- 아담과 하와를 위해 하나님께서 준비하신 것은 무엇입니까?(21절)

소그룹예배 인도 순서

사도신경	다 같이
찬 송	79장(통 40)
기 도	회원 중
본문 말씀	창 3:16~21
새길 말씀	창 3:21
헌금 찬송	314장(통 511)
헌금 기도	회원 중
주기도문	다 같이

말씀 나누기

죄를 짓기 전 인간과 하나님 사이는 기쁨, 사랑, 신뢰가 있는 복된 관계였습니다. 그러나 사탄의 유혹을 받아 죄를 지은 후 하나님과 인간의 관계는 금이 가기 시작했습니다. 인간의 영혼에 죽음과 저주의 그림자가 드리워졌습니다. 이때부터 시작된 고통과 죽음은 우리가 살고 있는 지금까지도 계속되고 있습니다.

오늘날 이 땅에는 전쟁과 파괴, 폭력이 계속되고 있습니다. 죄의 결과는 이처럼 참담하고 고통스럽습니다. 죄를 짓고 나면 누에고치에서 실이 나오듯 죄의 무서운 결과들이 몸에서 흘러나옵니다. 이것을 막을 수 있는 분은 오직 하나님 한 분 뿐이십니다. 하나님은 독생자 예수님을 십자가에 죽게 함으로써 십자가에서 흘리신 보혈의 능력으로 우리 안에 흐르고 있는 죄의 무서운 결과를 모두 막으셨습니다.

1. 하나님은 죄의 책임을 반드시 물으십니다

뱀은 여자를 유혹해서 죄를 짓게 했습니다. 죄를 범한 여자는 남자를 유혹해서 죄를 짓도록 했습니다. 하나님은 죄에 대해 그냥 넘기시지 않으시고 죄에 대한 책임을 뱀, 여자, 남자 순서로 물으셨습니다. 이처럼 하나님은 죄의 책임을 반드시 물으십니다.

하나님은 죄에 대한 책임을 물으시지만 죄를 지은 자에게 회개할 기회도 주시고 용서의 은혜도 베풀어 주십니다. 아담에게 죄에 대하여 물으시며 회개할 수 있는 기회를 주셨습니다. 반면 뱀에게는 "네가 왜 여자를 유혹하여 죄를 짓게 했느냐?"고 질문하지 않으시고 그 자리에서 정죄하고 심판하셨습니다(창 3:14~15). 왜냐하면 뱀(사탄)은 죄의 본질이기 때문입니다. 이것이 하나님께서 인간에게 베푸시는 은혜입니다. 아무리 무서운 죄와 잘못을 저질렀다 하더라도 하나님은 우리에게 긍휼을 베풀어 주시고 기회를 주십니다.

"그가 빛 가운데 계신 것 같이 우리도 빛 가운데 행하면 우리가 서로 사귐이 있고 그 아들 예수의 피가 우리를 모든 죄에서 깨끗하게 하실 것이요"(요일 1:7)

2. 죄를 범한 인간에게도 징계가 내려졌습니다

뱀을 심판하신 다음 하나님은 여자에게 말씀하십니다. 놀라운 사실은 하나님이 여자에게는 뱀에게 하신 것처럼 저주하지 않으셨다는 것입니다. 하나님은 단지 죄로 인한 고통을 말씀하셨습니다. 이처럼 하나님으로부터 구원받은 자들이 죄를 짓게 되면 고통은 받지만, 자녀의 권세를 상실하는 것은 아닙니다. 하나님이 용서하시고 다시 건져내십니다. 이것이 하나님의 긍휼과 사랑입니다. 그러나 죄를 지으면 대가를 치러야 하는 고통이 있습니다. 죄에 상응하는 벌이 있습니다. 여자가 사탄의 유혹을 받아 선악과를 따먹은 것에 대한 벌은 출산의 고통이었습니다. 부부가 함께 아이를 갖게 되지만, 실제적인 출산의 고통은 여자가 겪습니다. "네가 잉태하는 고통을 크게 더하리니"라는 말은 임신하면 고통이 시작된다는 것을 의미합니다. 원래 인간은 임신하는 고통, 해산하는 고통, 자녀를 키우는 고통이 없었습니다. 이것은 죄가 인간에게 들어오면서부터 여자에게 더해진 큰 고통입니다.

하나님께서는 남자에게도 구체적으로 그 책임을 물으십니다. 그것은 남자가 가정의 책임자이기 때문입니다. 최초의 땅은 풍성했으나 남자로 인해 땅이 저주를 받습니다. 남자에게 주어진 징계는 수고하고 땀을 흘려야 하는 고통입니다. 원래 노동은 하나님이 주신 복으로 하나님은 사람을 일하는 사람으로 창조하셨습니다. 그러나 죄로 인해 남자는 땀을 흘려야만 살 수 있는 존재가 되었고, 노동은 복이 아니라 수고가 되었습니다.

"친히 나무에 달려 그 몸으로 우리 죄를 담당하셨으니 이는 우리로 죄에 대하여 죽고 의에 대하여 살게 하려 하심이라 그가 채찍에 맞음으로 너희가 나음을 얻었나니"(벧전 2:24)

3. 가죽 옷을 통해 약속하셨습니다

하나님은 인간을 향한 심판과 벌이 영원하도록 내버려두지 않으셨습니다. 죄를 범했지만 여자와 남자를 구원하시고 복을 주셨습니다. 그 증거는 "여호와 하나님이 아담과 그 아내를 위하여 가죽 옷을 지어 입히시니라"는 말씀입니다(21절).

가죽 옷을 만들 때는 동물이 죽어야 하고 그 동물이 죽을 때는 피를 흘려야 합니다. 하나님께서는 한 동물의 죽음과 그 가죽 옷으로 인간의 수치를 가리셨습니다. 이로써 수많은 양과 소가 피를 흘림으로 인간의 죄를 대신하는 제사가 시작되었습니다. 그리고 하나님의 아들 예수님이 인간의 모든 죄를 대신하여 갈보리 언덕 십자가에 못 박혀 돌아가시고, 피 흘리심으로 모든 죄를 용서해 주시는 놀라운 역사가 바로 이 '가죽 옷'에서부터 시작되었습니다.

무화과 옷을 벗기시고 가죽 옷을 입히시며 구원의 은총을 베푸셨습니다. 인간은 죄로 실패했지만, 하나님은 사탄의 권세를 멸하시고 십자가로 승리하셨습니다. 사람은 실패해도 하나님은 구원의 역사를 이루시는 위대한 분이심을 십자가로 확증하셨습니다.

이처럼 비참한 죄의 고통을 극복하는 길은 오직 한 가지입니다. 모든 죄를 지고 갈보리 언덕에서 십자가에 못 박혀 죽으신 예수님을 영접하는 것입니다. 예수님이 내 안에 계실 때만이 죄의 결과로 찾아오는 모든 고통에서 자유하며, 하나님의 형상을 따라 지음 받은 인간으로 아름답게 회복 될 수 있습니다.

말씀 실천하기

* 죄를 이기기 위해 보혈의 능력을 의지하고 있습니까?
* 죄를 용서하신 주님의 은혜에 감사하는 마음으로 예배드립니까?

합심 기도하기

* 십자가의 은혜를 더 많이 묵상할 수 있도록 도와주소서.
* 죄 문제가 완전히 해결되도록 도와주소서.

노아와 무지개 언약

본문 말씀 창 9:8~17

이룰 목표 • 의인의 삶을 산 노아의 믿음을 배운다.
• 영원한 언약을 세우시는 구원의 하나님을 만난다.

말씀 살피기 • 하나님은 누구와 언약을 세우셨습니까?(9~10절)
• 하나님께서 다시는 무엇으로 심판하지 않겠다고 약속하셨습니까?(15절)
• 하나님께서 세상을 심판하지 않겠다는 증거로 무엇을 보여주셨습니까?(16절)

소그룹예배 인도 순서

사도신경	다 같이
찬　　송	370장(통 455)
기　　도	회원 중
본문 말씀	창 9:8~17
새길 말씀	창 9:13
헌금 찬송	400장(통 463)
헌금 기도	회원 중
주기도문	다 같이

말씀 나누기

하나님께서는 세상을 물로 심판하신 이후 노아와 그의 가족들에게 "내가 내 언약을 너희와 너희 후손과"(9절)라는 말씀으로 새로운 약속을 하십니다. 하나님은 약속하시지 않고 일을 이루시는 법이 없습니다. 언제나 약속하시고 성취하십니다. 성경을 구약, 신약이라고 하는 것은 약속의 책이라는 뜻입니다.

하나님께서 구약에서 세운 모든 약속은 신약에서 이루어졌고, 예수님이 약속하신 모든 약속은 이제 곧 머지않아 역사의 마지막 때에 완성될 것입니다. 이것이 하나님의 법칙입니다. 말씀 하신 것은 반드시 이루시는 하나님이십니다.

불순종과 타락의 시대에 살았지만 노아가 하나님의 약속을 믿고 의지할 때 어떤 놀라운 은혜를 받았는지 살펴보겠습니다.

1. 하나님의 심판에도 노아는 믿음으로 구원받았습니다

노아 시대에 사람들이 얼마나 타락하고 부패했는지 하나님께서 사람 창조하신 것을 한탄하셨다고 기록하고 있습니다(창 6:5~7). 이러한 시대적 상황에도 "노아는 의인이요 완전한자라 그는 하나님과 동행하였다"(창 6:9)고 성경은 증언합니다. 부패하고 타락한 시대에 오직 믿음으로 살아가는 노아에게 하나님은 물로 세상을 심판하실 계획과 구원의 비밀을 알려주십니다. 노아는 하나님의 말씀을 믿고 순종하여 방주를 만들었고, 약속대로 물로 세상을 심판할 때 노아와 그의 가족은 구원을 얻었습니다.

모든 사람들이 하나님의 약속을 믿지 못하고 비웃고 비난하고 조롱할 때, 노아는 하나님을 끝까지 신뢰했습니다. 그로 인해 심판에서 구원을 받았습니다. 무서운 심판의 폭풍우로 사람들이 두려워 떨며 통곡했을 때, 노와와 그의 가족들은 보호하시는 하나님의 손길을 느끼며 큰 평안 가운데 있었을 것입니다. 이처럼 믿음 안에 있을 때 구원받습니다.

"복음에는 하나님의 의가 나타나서 믿음으로 믿음에 이르게 하나니 기록된바 오직 의인은 믿음으로 말미암아 살리라 함과 같으니라"(롬 1:17)

2. 노아는 두려움 없는 사랑의 은혜를 받았습니다

심판이 끝난 후 방주에서 나온 노아와 그의 가족들이 목격한 세상은 폐허가 되어 있었습니다. 집, 논, 밭, 먹을 것이 전혀 없는 처참하고 상상할 수 없는 폐허 속에서 노아와 그의 가족들은 큰 공포심을 느꼈을 것입니다. 노아는 미래에 대한 불안과 공포심이 있었을 것입니다. 그것을 아시고 하나님이 노아에게 나타나셨습니다. 노아를 바라보시면서 걱정하지 마라. 다시는 모든 생물을 홍수로 멸하지 아니할 것이라(11절) 말씀하시면서 언약의 증표로 무지개를 보여 주셨습니다. 이것이 바로 하나님께서 노아에게 주신 말씀입니다.

하나님은 노아가 방주에서 나와 새로운 삶을 시작하기 전에 마음에 있는 두려움과 공포를 치유해 주기 원하셨습니다. 두려움은 하나님이 주신 것이 아닙니다. 하나님을 모르는 사람들은 성공과 실패, 건강과 질병으로 두려움에 떨며 지냅니다. 그러나 하나님을 믿는 사람들은 하나님께서 함께하시기 때문에 두려움으로부터 자유하게 됩니다.

> "사랑 안에 두려움이 없고 온전한 사랑이 두려움을 내쫓나니 두려움에는 형벌이 있음이라 두려워하는 자는 사랑 안에서 온전히 이루지 못하였느니라"(요일 4:18)

3. 노아는 언약의 증거로 무지개를 보았습니다

하나님께서 다시는 물로 심판하지 않겠다는 약속의 증거로 무지개를 구름 속에 두셨습니다. 세상에 대한 두려움이 생길 때마다 노아가 무지개를 보고 담대한 마음 얻기를 바라셨습니다.

13절부터 17절까지 "언약의 증거"라는 말씀이 계속 반복되어 나옵니다. 계속된 반복은 전달하고자 하는 중요한 말씀을 강조한 것으로써 이는 하나님께서 약속하셨다는 뜻입니다. 하나님은 무지개를 보시면서 약속을 기억하셨고, 노아는 무지개를 보면서 구원하신 은혜에 감사했습니다. 돌보심과 구원을 약속받았기 때문입니다.

노아 시대에는 언약의 증거가 무지개였기 때문에 그것을 바라보면서 하나님과의 약속을 기억했습니다. 그러나 신약 시대에는 예수님의 십자가가 있습니다. 구약의 무지개가 노아 가족들에게 평안을 주었던 것처럼, 예수님의 십자가 사건은 마귀를 쫓아내시며, 음부의 세력을 몰아내십니다. 또한 질병을 고치시며, 염려와 근심에서 나를 구원하시고, 평안을 주십니다.

> "무릇 하나님께로부터 난 자마다 세상을 이기느니라 세상을 이기는 승리는 이것이니 우리의 믿음이라"(요일 5:4)

말씀 실천하기

* 두려움과 공포가 찾아 올 때 주님을 끝까지 신뢰하고 있습니까?
* 주님의 십자가 약속을 믿고 어려움 있을 때 기도하는 삶을 살고 있습니까?

합심 기도하기

* 하나님의 약속을 끝까지 신뢰할 수 있도록 도와주소서.
* 고난과 시험에 굴복하지 않고 승리하는 믿음을 갖도록 도와주소서.

창조의 주 하나님의 심판

본문 말씀 창 11:1~9

이룰 목표
- 하나님이 싫어하시는 교만을 멀리한다.
- 하나님의 심판은 공의를 세우기 위한 것임을 안다.

말씀 살피기
- 바벨탑 당시 사람들은 몇 가지 언어를 가지고 있었습니까?(1절)
- 바벨탑을 쌓는 이유는 무엇입니까?(4절)
- 하나님의 뜻을 거스른 사람들은 어떤 심판을 받았습니까?(8~9절)

소그룹예배 인도 순서

사도신경	다 같이
찬 송	393장(통 447)
기 도	회원 중
본문 말씀	창 11:1~9
새길 말씀	창 11:9
헌금 찬송	435장(통 492)
헌금 기도	회원 중
주기도문	다 같이

말씀 나누기

하나님께서는 천지를 창조하시면서 매우 기뻐하셨습니다. 특히 사람의 창조는 하나님의 창조 가운데 가장 특별한 일이었습니다. 하나님은 오직 사람만을 자신의 형상으로 지으시고 세상을 다스리도록 위임해 주었기 때문이었습니다. 그러나 사람은 하나님의 부르심에 합당한 삶을 살지 못하고 죄악에 물든 삶을 살게 됩니다. 그 결과 하나님은 이 세상을 홍수로 심판하셨습니다.

홍수 심판 후, 하나님은 노아의 후손들에게 "땅에 충만하라"고 명령하셨지만(창 9:1), 그들은 오히려 자신들의 이름을 날리고, 온 땅 위에 흩어지지 않게 하려고 시날에 도시를 세우려고 했습니다(3~4절). 이는 사람들의 교만으로 하나님께 대한 반역을 의미합니다. 하나님께 대항하여 사람들이 세상에서 가장 높은 탑을 쌓는 이 사건을 통해 하나님께서 어떻게 공의를 세워 가시는지 살펴보겠습니다.

1. 하나님께 붙어 있어야 합니다

노아의 홍수가 있은 후 세상은 달라졌습니다. 세상은 지각 변동이 일어나고 갈라지고, 홍수로 인해 온 세상이 폐허가 되었습니다. 하나님이 만든 아름다운 세상이 물로 인해 혼잡해졌습니다. 여름에 물난리가 난 후의 마을처럼, 쓰나미가 지나간 자리처럼 끔찍한 상황이 벌어졌습니다. 이 심판은 죄악으로 생겨났습니다. 사람들은 자신들의 죄악은 생각하지 못하고 하나님의 심판만을 생각하며 시날 땅에 하늘에 닿는 높은 바벨탑 건설을 생각하였습니다(세상의 첫 용사 니므롯, 노아의 증손자: 참조-창10:8~10, 11:2).

끔찍한 홍수가 난다해도 무너지지 않는 성읍과 탑을 세우겠다는 명분을 가지고 시작했지만 실상은 하나님을 떠나고 자신들의 왕국을 건설하고자 했던 것입니다. 흩어짐을 면하고 자신들만의 왕국을 건설하여 자신들의 이름을 내고자 했습니다. 이러한 일은 하나님을 무시하는 무신론적 생각과 행동들입니다. 그들은 성읍과 탑을 건설하여 하나님을 멀리했지만, 우리는 하나님의 창조섭리를 따르며 하나님께 붙어 있어야 합니다.

"주의 집에 사는 자들은 복이 있나니 그들이 항상 주를 찬송하리이다"(시 84:14)

2. 하나님은 교만을 싫어하십니다

온 땅에 언어가 하나였습니다. 언어가 하나였기에 그들은 힘을 모으고 단결하여 흩어짐을 면하고 자신들의 명예를 떨칠 엄청난 기념비적 대공사, 바벨탑을 건설하기 시작했습니다. 성읍과 탑을 건설하는 것은 잘못이 아닙니다. 다만 하나님을 의지하지 않고 자신들의 힘만 믿고 행동하는 교만이 문제입니다. 이제 하늘까지 닿는 탑을 세워 자신들의 업적과 힘을 과시하고 흩어지지 않으려고 합니다(4절). 그들은 건설하는 일에 모든 사람들을 동원시킵니다. 강한 성과 하늘까지 닿는 탑만 있다면, 그 어떤 하나님의 심판도 이겨낸다는 교만이 그들 가운데 있었습니다. 이는 하나님의 간섭을 받지 않고 대적하려는 교만에서 시작된 일이었습니다.

하나님은 사람들의 교만을 간과하지 않습니다. 사람들이 교만해져서 하나님을 대적하지 못하도록 언어를 혼잡하게 하고 서로 알아들을 수 없도록 하셨습니다. 인간의 뜻을 이루기 위해 하나님을 대적하는 교만한 삶이 아닌, 하나님의 역사를 이루는 겸손한 삶을 살아야 합니다.

> "젊은 자들아 이와 같이 장로들에게 순종하고 다 서로 겸손으로 허리를 동이라 하나님은 교만한 자를 대적하시되 겸손한 자들에게는 은혜를 주시느니라" (벧전: 5:5)

3. 하나님은 심판으로 공의를 세우십니다

하나님 없는 죄악으로 대홍수 사건이 일어났고, 하나님 없는 교만함이 언어의 혼잡을 가져 왔습니다. 창조주 하나님은 질서가 있으시며, 공의로우십니다. 창조의 아름다움은 하나님의 질서와 공의에서 나오는 것입니다. 그것이 깨어질 때, 하나님의 심판이 있습니다.

세상의 죄악으로 물든 사람들은 자신의 욕망을 채우는 데만 목표를 두고 혼돈과 방탕의 세계로 나가고 있습니다. 그러나 성도들은 심판하시는 하나님을 기억해야 합니다. 하나님께서는 심판으로 하나님의 공의로우심을 보여주셨습니다. 하나님은 공의를 세우시기 위해 하나님의 약속을 버리고 사는 세상을 심판하셨습니다. 하나님의 심판은 세상 죄악에 대한 심판입니다. 교만하지 않고 공의의 하나님을 바라보며 나가는 믿음의 자녀들은 하나님의 약속대로 생명의 풍성한 열매를 맺으며 살게 됩니다.

"내가 진실로 진실로 너희에게 이르노니 내 말을 듣고 또 나 보내신 이를 믿는 자는 영생을 얻었고 심판에 이르지 아니하나니 사망에서 생명으로 옮겼느니라"(요 5:24)

말씀 실천하기

* 겸손한 마음으로 다른 사람들의 말을 끝까지 듣습니까?
* 진실과 의로운 마음으로 살기를 결단하며 잠들기 전 기도합니까?

합심 기도하기

* 창조주 하나님의 약속을 신뢰하며 믿음으로 살아가게 하소서.
* 교만하여 하나님을 알지 못한 사람들이 하나님께 돌아오게 하소서.

소망의 주 하나님의 계획

본문 말씀 창 12:1~9

이룰 목표
- 하나님은 비전을 통해 일하시는 분이심을 안다.
- 하나님의 역사를 위해 과거를 청산하고 비전과 꿈을 붙잡는다.

말씀 살피기
- 여호와께서 아브라함에게 어디에서 떠나가라고 하셨습니까?(1절)
- 여호와께서 떠나라고 한 이유는 무엇입니까?(2절)
- 가나안에 가기 위해 하란을 떠난 아브라함의 나이는 몇 살입니까?(4절)

소그룹예배 인도 순서

사도신경	다 같이
찬　　송	289장(통 208)
기　　도	회원 중
본문 말씀	창 12:1~9
새길 말씀	창 12:1
헌금 찬송	323장(통 355)
헌금 기도	회원 중
주기도문	다 같이

말씀 나누기

어떤 일이든 시작이 있습니다. 시작 없는 과정과 결과는 없습니다. 그래서 '시작이 반이다'라는 말이 있습니다. 그만큼 시작한다는 것이 중요합니다. 하나님과 점점 멀어지고 있는 이 세상에 하나님의 구원 계획이 시작된 것입니다. 세상은 점점 하나님과는 멀어지고 있었습니다. 이때 하나님은 인간을 구원하실 치밀한 계획 속에서 한 인물 아브라함을 먼저 택하십니다.

이스라엘은 믿음의 조상 아브라함으로부터 시작 됩니다. 아브라함은 하나님 백성의 뿌리가 되고, 이스라엘의 조상이 됩니다. 나아가 그의 후손인 예수님을 통해 전 인류를 구원하시게 하는 역사를 이룹니다. 단 한 사람 믿음의 조상이라고 불린 아브라함을 통해 믿음의 역사가 시작 되었습니다. 이제 그가 어떻게 하나님 앞에 나아가게 되는지 살펴보도록 하겠습니다.

1. 하나님께서는 아브라함에게 비전을 주십니다

모든 역사의 시작은 비전에서 시작합니다. 하나님께서는 아브라함에게 비전을 주십니다. 아브라함을 통해 하나님 나라에 대한 비전을 품게 하셨습니다. 첫째는 땅에 대한 약속입니다(1절). 하나님께서는 아브라함에게 지시한 땅으로 가라고 명하십니다. 예비해 두신 땅, 바로 가나안 땅에 대한 약속입니다. 둘째는 큰 민족을 이루는 비전입니다(2절). 복의 근원이 되며 아브라함으로 인해 그의 후손이 큰 민족을 이루고 창대하게 될 것을 약속하십니다. 셋째는 아브라함으로 인해 온 민족이 복을 얻게 될 것임을 말씀하십니다(3절). 아브라함으로부터 하나님의 백성 이스라엘이 세워지고 그의 후손으로 오시는 예수님으로 인해 온 민족에게 복음의 기쁜 소식이 전해지게 됩니다. 그 놀라운 구원의 계획이 하나님께서 아브라함에게 주시는 비전에서 시작됩니다. 이와 같이 하나님의 자녀의 비전은 주님으로부터 시작되어야 합니다.

> "소망의 하나님이 모든 기쁨과 평강을 믿음 안에서 너희에게 충만하게 하사 성령의 능력으로 소망이 넘치게 하시기를 원하노라" (롬 15:13)

2. 비전을 이루기 위해 과거를 청산해야 됩니다

하나님께서는 아브라함에게 비전을 주시고, 그 약속의 비전을 위해 고향과 친척, 아버지 집을 떠나라 하십니다. 하나님께서는 아브라함에게 고향을 떠나라 한 이유는 아버지, 친척, 주변의 많은 사람들의 영향력 아래에서 벗어나 온전히 하나님만을 섬길 수 있는 환경을 가지라는 것입니다. 고향에서 계속 산다면 지금까지 살아온 삶의 다양한 전통과 습관을 버리는 것은 어렵기 때문입니다. 하나님은 새로운 곳에서 하나님의 백성을 이루시기를 바라셨습니다. 하나님은 아브라함에게 과거의 모든 것에서 떠나라고 말씀 하셨습니다.

아브라함은 그 말씀을 따라 자신의 고향인 갈대아 우르를 떠납니다. 그러나 아브라함은 아비 데라와 자기 친척인 롯을 데리고 나오게 됩니다(4절). 아브라함은 아버지의 영향력 아래서 아직 벗어나지 못한 것입니다. 가나안으로 가던 중, 하란에서 아버지 데라는 죽게 됩니다(창 11:32). 롯도 아브라함과 갈등이 생긴 후 헤어지게 됩니다. 그렇습니다. 하나님은 온전히 아브라함이 그 어떤 영향력 아래에 있지 않는, 즉 순수하고 새롭게 시작되기를 바라셨습니다.

하나님이 주신 비전을 이루기 위해 과거에 연연하며 얽매였던 잘못된 습관이나 삶에서 온전히 떠나야 합니다. 아직 청산하지 못한 과거의 잘못된 습관과 관습, 행동을 버리고 하나님께서 주신 비전을 따라 새롭게 시작해야 합니다.

> "이러므로 우리에게 구름 같이 둘러싼 허다한 증인들이 있으니 모든 무거운 것과 얽매이기 쉬운 죄를 벗어 버리고 인내로써 우리 앞에 당한 경주를 하며 믿음의 주요 또 온전하게 하시는 이인 예수를 바라보자"(히 12:1~2상)

3. 비전을 이루기 위해 약속을 붙들고 나가야 됩니다

아브라함은 하나님의 명령대로 고향을 떠나 가나안 땅으로 들어갑니다(5절). 그러나 그 땅에는 이미 가나안 족속들이 살고 있습니다(6절). 그곳에서 정착하는 것은 그리 쉬운 일은 아닙니다. 그럼에도 불구하고 아브라함은 그 땅을 하나님께서 자신에게 주실 것이라는 약속을 붙들고(7절), 하나님 앞에 제단을 쌓고 하나님의 이름을 부르며 나아갑니다. 자신의 때에 이루어지지 않지만 그 약속의 소망을 믿고 나갈 때 결국 그의 후손인 이스라엘을 통해 이루어집니다.

지금 당장 이루어지지 않는다고 포기하면 안 됩니다. 하나님의 약속을 붙들고 나가는 한 사람 아브라함을 통해 한 민족을 이루고, 한 나라가 세워지고, 나아가 구원의 놀라운 역사를 이루게 된 것입니다. 하나님의 역사를 위해 자신의 과거를 청산하고 주님이 주신 비전을 향해 멈추지 않고 나갈 때 역사의 주인공이 될 수 있습니다.

"또 약속하신 이는 미쁘시니 우리가 믿는 도리의 소망을 움직이지 말며 굳게 잡고 서로 돌아보아 사랑과 선행을 격려하며"(히 10:23~24)

말씀 실천하기

* 잘못된 습관이나 행동을 버릴 수 있도록 노력하겠습니까?
* 구역의 비전을 위해 결단하며 노력하겠습니까?

합심 기도하기

* 소그룹 구역 가운데 소망과 부흥의 비전을 주옵소서.
* 과거에 얽매인 자신을 버리고, 날마다 새로운 피조물로 성장하게 하옵소서.

이해되지 않아도 순종한 아브라함

본문 말씀 창 22:11~19

이룰 목표
- 믿음은 이해되지 않아도 순종하는 것임을 배운다.
- 끝까지 순종한 아브라함을 통해 하나님의 손길을 배운다.

말씀 살피기
- 아브라함이 이삭을 대신하여 번제로 드린 것은 무엇입니까?(13절)
- 여호와 이레는 무슨 뜻입니까?(14절)
- 하나님은 아브라함에게 큰 복을 주시며 무엇을 차지한다고 하셨습니까?(17절)

소그룹예배 인도 순서

사도신경	다 같이
찬 송	449장(통 377)
기 도	회원 중
본문 말씀	창 22:11~19
새길 말씀	창 22:17
헌금 찬송	435장(통 492)
헌금 기도	회원 중
주기도문	다 같이

말씀 나누기

아브라함의 믿음에는 삶에 두 번의 큰 전환점이 있었습니다. 첫 번째는 갈대아 우르에서 아브라함에게 "너는 너의 본토 친척 아비의 집을 떠나 내가 네게 지시할 땅으로 가라"(창 12:1~2)는 하나님의 말씀이었습니다. 이 사건은 아브라함의 인생에 분기점이 되었습니다. 그러나 이것이 아브라함 생애의 전부는 아닙니다. 오랜 시간 동안 아브라함은 실수와 갈등을 겪으면서 믿음이 성장했습니다.

두 번째는 믿음이 완성될 무렵 하나님은 아브라함에게 백세에 얻은 아들 이삭을 달라고 말씀하십니다. 이 명령은 인생의 마지막 시점에 있는 아브라함에게 감당하기 어려운 가혹한 시련이었습니다. 하나님은 아브라함에게 자신의 생명보다 더 귀중하게 여기는 아들 이삭을 포기하라는 것이었습니다. 이와 같은 어려운 명령을 받을 때 어떤 태도를 가져야 순종할 수 있는지 살펴보려고 합니다.

1. 믿음은 포기할 수 없는 것까지도 포기하게 합니다

믿음이 생기지 않는 이유는 익숙한 곳에서 떠나지 않기 때문입니다. 사람들은 익숙한 것, 편안한 것에서 안주하려고 합니다. 그러나 신앙은 떠나는 것에서 시작됩니다. 죄와 우상의 정욕으로부터 떠날 때 하나님을 의지하게 됩니다.

성숙이란 어떤 일을 만나도 흔들리지 않는 믿음에 이르는 것입니다. 하나님은 아브라함의 믿음이 성숙한 단계에 이르렀다고 생각하셨을 때, 아브라함에게 나타나셔서 아들 독자 이삭을 번제로 드리라고 말씀하십니다. '죽이거나 내보내라' 는 것이 아니라 '번제'로 달라고 하십니다. 번제의 제물은 다른 사람의 죽음을 대신하는 제물의 의미가 있습니다.

아브라함은 고통당하며 죽어가는 아들을 자기 눈으로 보아야 합니다. 아브라함은 사랑하는 아들의 피를 흘려야 한다는 기가 막힌 갈등 앞에 서게 된 것입니다. 사람의 생각으로는 도저히 이해할 수 없는 하나님의 요구였습니다. 그럼에도 불구하고 아브라함은 순종하는 믿음을 가졌습니다. 가장 좋아하고 사랑하는 것까지 하나님을 위하여 내려놓을 수 있는 것, 그것이 신앙입니다. 자신의 생각뿐만 아니라 아들까지도 포기하는 믿음을 보였습니다. 바로 이것이 독생자 예수님을 십자가에 못 박도록 내주고 고통하시는 하나님 아버지의 마음입니다.

"우리가 아직 죄인 되었을 때에 그리스도께서 우리를 위하여 죽으심으로 하나님께서 우리에 대한 자기의 사랑을 확증하셨느니라"(롬 5:8)

2. 아브라함은 부활 신앙을 가졌습니다.

노인이 되어가고 있는 아브라함에게 아기가 태어난다는 사실은 불가능한 일이었습니다. 그런데 실제로 놀라운 일이 생겼습니다. 아브라함이 백세가 되고 사라가 구십 세에 임신을 하였습니다. 생물학적으로는 불가능한 늙은 몸이었지만 하나님은 약속하신 것을 이루십니다. 이 사실을 알게 된 후부터 아브라함은 하나님을 온전히 믿기 시작했습니다.

어느 날 하나님께서 아브라함에게 아이를 내놓으라고 말씀하십니다. 이때 아브라함은 자신감이 생겼습니다. 아브라함에게는 이삭은 죽어도 다시 산다는 믿음이 있었습니다(5절). 말씀 하신 것은 반드시 이루시는 약속의 하나님이시기에 "아들을 번제로 드리라"는 말씀에도 순종합니다. 이것이 부활신앙입니다. 사망 권세가 내 앞을 가로막아도 생명의 은혜를 주시는 하나님을 믿는 것이 부활신앙입니다. 또한 천국이 있음을 믿고 예수님이 다시 오실 것을 믿어야 합니다. 하나님의 약속이기 때문입니다.

> "예수께서 이르시되 나는 부활이요 생명이니 나를 믿는 자는 죽어도 살겠고 무릇 살아서 나를 믿는 자는 영원히 죽지 아니하리니 이것을 네가 믿느냐"(요 11:25~26)

3. 대적의 지경을 취하는 복을 받습니다

부자가 되는 것도, 건강한 것도, 성공하는 것도 복이지만 영광의 왕이신 주님을 만나는 것이 진정한 복입니다. 하나님은 순종한 아브라함에게 "네 씨로 말미암아 천하 만민이 복을 얻게 될 것이라"(18절)고 축복하셨습니다. 아브라함의 씨를 통해 만왕의 왕이신 예수님이 탄생하셨습니다. 사람의 생각으로는 도저히 이해할 수 없는 하나님의 요구인 것 같았지만, 아브라함이 순종하며 나갈 때 그 씨를 통해 메시아가 탄생하셨습니다.

메시아 되신 예수님은 십자가를 통해 우리의 원수인 마귀의 대문을 취하셨습니다. 예수님이 가시는 곳마다 사람이 바뀌었습니다. 역사가 바뀌고, 민족이 바뀌고, 가정이 바뀌었습니다. 왜냐하면 예수님이 온 인류를 위해 주신 복이기 때문입니다. 십자가의 고통이 있었지만, 부활의 승리를 통해 원수 마귀를 완전히 멸하셨습니다. 사탄의 성문을 깨트리신 것입니다. 하나님께서 아브라함을 복으로 삼으신 것처럼, 예수님을 통해 믿음을 가진 자들을 복으로 삼으셨습니다. 그러므로 예수님의 이름으로 기쁨을 나누어 주고, 절망을 소망으로 바꾸어 주는 삶을 살아야 합니다.

"사망아 너의 승리가 어디 있느냐 사망아 네가 쏘는 것이 어디 있느냐 사망이 쏘는 것은 죄요 죄의 권능은 율법이라 우리 주 예수 그리스도로 말미암아 우리에게 승리는 주시는 하나님께 감사하노니 그러므로 내 사랑하는 형제들아 견고하며 흔들리지 말고 항상 주의 일에 더욱 힘쓰는 자들이 되라 이는 너희 수고가 주 안에서 헛되지 않은 줄 앎이라"(고전 15:55~58)

말씀 실천하기

* 이해되지 않아도 주님의 말씀에 순종하고 있습니까?
* 어떠한 환경에도 흔들리지 않는 부활신앙을 갖고 있습니까?

합심 기도하기

* 하나님의 말씀에 순종하도록 도와주소서.
* 아집과 교만을 십자가 앞에 버릴 수 있도록 도와주소서.

야곱의 씨름하는 기도

본문 말씀 창 32:24~32

이룰 목표
- 야곱이 환도뼈가 위골되기까지 기도한 열정을 배운다.
- 응답하시는 하나님의 긍휼과 사랑을 배운다.

말씀 살피기
- 야곱과 씨름하던 천사가 어디를 치게 됩니까?(25절)
- 야곱의 이름이 무엇이라 변하게 됩니까?(28절)
- 야곱이 그곳의 이름을 무엇이라 부르게 됩니까?(30절)

소그룹예배 인도 순서

사도신경	다 같이
찬 송	338장(통 364)
기 도	회원 중
본문 말씀	창 32:24~32
새길 말씀	창 32:24~25
헌금 찬송	364장(통 482)
헌금 기도	회원 중
주기도문	다 같이

말씀 나누기

야곱은 아버지의 집으로 돌아가는 과정에서 두려움에 부딪힙니다. 아버지의 집에는 야곱을 미워하고 죽이려고 하는 형 에서가 기다리고 있기 때문입니다. 야곱은 형 에서와의 갈등을 해결하기 위해 예물과 가축들을 종들에게 맡긴 후 여러 떼로 나누어 에서에게 보냅니다. 그리고 자녀들과 아내들도 모두 보냅니다. 그는 인간적인 방법과 수단을 총동원해서 자신이 할 수 있는 일은 다 해봅니다.

시간이 지날수록 불안은 더 깊어 가고, 에서가 400명의 사람들을 거느리고 야곱에게로 오고 있다는 소식이 전해집니다. 그 소식을 접한 야곱은 현실 앞에서 좌절하고 맙니다. 그는 자신을 죽이러 오는 형이 무서웠기에 외롭고 답답한 심정에서 기도를 하게 됩니다. 위기에 빠져 기도하는 야곱을 통해 이끄시는 하나님의 손길을 살펴보겠습니다.

1. 야곱은 하나님의 복을 받을 자격이 없는 사람이었습니다

야곱이 밤이 새도록 씨름했지만 천사는 응답하지 않고 그냥 떠나려고 합니다. 밤이 새도록 씨름 했는데 천사가 왜 응답하지 않았을까요? 야곱에게 문제가 있었기 때문입니다. 죄가 있었습니다. 환도뼈가 위골된 상황에도 천사를 붙잡고 놓아주지 않자 천사가 "네 이름이 뭐냐?" 고 묻자 "내 이름은 야곱입니다." 라고 대답합니다.

창세기 25장 26절 말씀은 야곱의 이름에 대해 설명하고 있습니다. 에서의 쌍둥이 동생으로 태어난 야곱은 태어날 때 형 에서의 발뒤꿈치를 잡고 나왔습니다. 야곱이라는 말은 '발뒤꿈치를 잡았다.' 다른 말로는 '약탈자', '사기꾼' 이라는 의미가 있습니다. 야곱은 이름의 의미대로 에서의 장자권과 복을 훔쳤던 사람입니다.

세상에는 여러 종류의 중한 죄가 있습니다. 그러나 어떤 죄보다 큰 죄는 하나님을 신뢰하지 않는 죄입니다. 하나님께 순종하지 않고 신뢰하지 않는 이유는 간단합니다. 교만하기 때문입니다. 야곱은 하나님을 믿으면서도 매사에 하나님을 의지하기 보다는 먼저 인간적인 방법을 시도했습니다. 자기의 노력과 방법으로 살려고 했습니다. 이것이 바로 하나님이 미워하시는 교만입니다. 그런 삶의 태도 때문에 그의 삶은 평온하지가 않았습니다. 그렇기에 야곱으로는 하나님의 복을 받을 수 없었습니다.

"여호와의 손이 짧아 구원하지 못하심도 아니요 귀가 둔하여 듣지 못하심도 아니라 오직 너희 죄악이 너희와 너희 하나님 사이를 갈라놓았고, 너희 죄가 그의 얼굴을 가리어서 너희에게서 듣지 않으시게 함이니라"(사 59:1~2)

2. 야곱은 포기하지 않고 끈질긴 기도(씨름)를 했습니다

야곱은 사람의 모습으로 온 천사와 씨름을 합니다. 격렬한 씨름은 새벽까지 계속됩니다. 결국 천사는 야곱을 뿌리치기 위하여 야곱의 환도뼈를 쳐서 위골시킵니다. 그래도 야곱은 천사를 놓지 않습니다. 야곱은 축복을 받기 위해 필사적으로 있는 힘을 다해 천사를 붙듭니다. 뼈가 위골될 정도의 부상을 입고도 힘을 다해 천사를 놓지 않습니다. 야곱은 하나님 앞에 자격 없는 사람이라도 통곡하며 간구해야 한다는 것을 보여주고 있습니다.

기도는 감상문이나 하소연이 아닙니다. 끈질긴 씨름입니다. 야곱은 새벽까지 천사를 붙들고 씨름합니다. 그리고 그는 하나님을 만나 응답을 받습니다. 바로 그 순간부터 야곱은 고독과 인생의 위기에서 탈출합니다. 간절함은 거룩한 목마름입니다. 야곱은 하나님의 도우심을 목마른 사슴의 간절함으로, 환도 뼈가 위골되도록 간절히 구했습니다. 이 끈질긴 기도를 하나님께서 드디어 응답하셨습니다.

"너희가 온 마음으로 나를 구하면 나를 찾을 것이요 나를 만나리라"(렘 29:13)

3. 야곱은 세상이 줄 수 없는 기쁨을 얻었습니다

영적 싸움에서 승리한 야곱은 너무나 기뻐서 '브니엘' 이라는 이름을 그곳에 붙입니다. 브니엘은 '하나님의 얼굴' 이라는 뜻으로 "내가 하나님의 얼굴을 보았으나 내 생명이 보존되었구나."라는 의미를 담고 있습니다.

천사는 야곱의 이름을 '이스라엘'로 바꿔줍니다. 남의 것, 남의 인생을 착취하는 야곱의 이름으로는 복을 받을 수 없기 때문입니다. 사기꾼이라는 이름이 아니라 '승리자'라는 이름으로 바꾸었습니다. 하나님과 겨루어 승리한 자, 그것이 바로 이스라엘입니다. 복을 받을 수 없는 사람, 남에게 사기를 치는 사람의 이름을 하나님께서 직접 바꾸어 주셨습니다.

다음과 같은 장면을 상상해 봅니다. 어둠을 물러가게 하는 해가 찬란히 떠오르는 새벽, 어떤 사람이 절뚝거리면서 가는 모습입니다. 이 모습에는 기쁨이 있고 희망이 있습니다. 하나님을 만나 복을 받았기 때문입니다. 야곱은 세상이 줄 수 없는 기쁨을 가득 담고 희망의 아침을 맞이하고 있습니다. 환도 뼈가 위골되는 아픔으로 절뚝거리고 있지만, 기쁨과 환희가 가득한 야곱은 희망찬 발걸음을 걷고 있습니다. 복을 받지 못하고 멀쩡하게 사는 것보다 피투성이가 되어서라도 하나님을 만나 복 받으며 사는 것이 낫습니다.

"주 안에서 항상 기뻐하라 내가 다시 말하노니 기뻐하라"(빌 4:4)

말씀 실천하기

* 매일 매일 기도하기를 실천하고 있습니까?
* 기도를 방해하는 요소들이 있어도 끝까지 씨름하는 기도를 하고 있습니까?

합심 기도하기

* 날마다 깨어 기도하는 심령이 되도록 도와주소서.
* 새벽을 깨워 가정과 자녀들을 위해 기도하게 하소서.

소망의 주 하나님의 섭리

본문 말씀 창 50:15~26

이룰 목표
- 소망의 하나님을 바라보며 절대 포기하지 않는 인생을 산다.
- 하나님의 시각으로 세상을 바라본다.

말씀 살피기
- 야곱이 죽은 후에 형제들이 요셉을 두려워 한 이유는 무엇입니까?(15절)
- 요셉은 자신의 인생에 대해 무엇이라고 형제들에게 고백했습니까?(20절)
- 요셉은 형들에게 어떻게 축복했습니까?(24절)

소그룹예배 인도 순서

사도신경	다 같이
찬　　송	304장(통 404)
기　　도	회원 중
본문 말씀	창 50:15~26
새길 말씀	창 50:20
헌금 찬송	338장(통 364)
헌금 기도	회원 중
주기도문	다 같이

말씀 나누기

하나님의 백성 이스라엘은 아브라함, 이삭을 거쳐 야곱의 열두 아들을 정점으로 한 민족을 이루게 됩니다. 하나님께서는 야곱의 이름을 이스라엘로 바꾸십니다. 이스라엘이라는 이름은 히브리 민족의 나라 이름이 되었습니다.

하나님의 섭리는 야곱의 열두 아들 가운데 특히 요셉을 통해 나라로서의 기틀을 갖추게 하십니다. 족장시대(아브라함, 이삭, 야곱의 시대)의 마지막을 요셉의 이야기로 성경은 마무리 합니다. 그것은 이스라엘 민족이 하나님의 나라로 발전하기 위한 발판을 요셉을 통하여 이루었기 때문이다. 어떻게 요셉을 통해 하나님의 섭리가 하나씩 이루어졌는지 살펴보겠습니다.

1. 하나님의 계획은 사람의 생각 보다 더 넓고 깊습니다

많은 사람들은 편한 길, 쉬운 길을 찾습니다. 심지어 작은 어려움만 만나도 불평과 불만을 토로합니다. 그러나 하나님이 이끄시는 길은 단지 편한 길과 쉬운 길만은 아닙니다. 때로는 험난한 여정이 삶의 길에 놓여 지기도 합니다. 기억해야 할 것은 어떠한 고난도 하나님의 섭리 가운데 있으며, 하나님의 뜻을 이루는 길로 인도하신다는 사실입니다. 요셉이 바로 그런 인생을 살았습니다.

요셉은 야곱이 가장 사랑하는 여인 라헬로부터 태어난 아들로서 가장 많은 사랑을 받았습니다. 이러한 이유로 요셉의 형들은 그를 시기하였고, 결국 요셉을 이집트 노예로 팔았습니다. 그 후로 요셉의 인생은 가시밭과 같은 고난의 연속이었습니다. 그러나 요셉은 열심히 일했습니다. 주인인 보디발의 인정을 받아 집안 모든 책임을 맡은 총무로 세워지기도 했지만 그것도 잠시였습니다. 보디발 아내의 유혹을 뿌리치자 그녀는 요셉을 모함하고 감옥에 가게 만듭니다.

이처럼 믿음으로 살아가는 길이 생각보다 더 힘들고 어려울 수 있습니다. 그러나 이 모든 것이 하나님의 섭리 가운데 있음을 알고 믿음으로 산다면, 하나님의 시간에 하나님의 방법으로 역사하실 것입니다.

"다만 이뿐 아니라 우리가 환난 중에도 즐거워하나니 이는 환난은 인내를, 인내는 연단을, 연단은 소망을 이루는 줄 앎이로다"(롬 5:3~4)

2. 소망을 붙들고 끝까지 포기하지 않을 때, 하나님의 역사는 반드시 이루어집니다

요셉이 청소년 시기에 이집트 노예로 팔려간 후 30대에 이집트의 총리가 되기까지 십여 년이 훌쩍 넘는 기간 동안 고난의 연속이었습니다. 그러나 그 시간은 요셉이 하나님의 섭리 가운데 연단되어져 가는 시간이었습니다. 요셉의 형들은 요셉을 팔았습니다. 요셉을 팔지 않아 총리가 되지 않았다면, 야곱의 모든 가족들은 어떻게 되었겠습니까? 아마도 기근에 많은 가족, 형제들이 죽었을지도 모릅니다. 또한 보디발의 아내에게 모함을 받지 않았다면 감옥에 가지도 않았을 것이고 왕 앞에 서서 꿈을 해석하여 총리가 되는 일도 없었을 것입니다. 이처럼 모든 일이 하나님의 손길에 있었습니다.

요셉이 가는 길에 어려움과 억울함이 있었습니다. 그럼에도 불구하고 요셉은 포기하지 않았습니다. 하나님께서 자신을 버리지 않으시고 인도하실 것을 믿었기에 노예로 팔려가서도 유혹과 모함의 순간에도 넘어지지 않았습니다. 감옥에서 조차도 절대 포기하지 않고 성실히 일하여 인정받았습니다.

가시밭 같은 길이라 할지라도 하나님의 계획과 섭리 가운데 요셉은 그 길을 헤쳐 나갔습니다. 요셉처럼 주님이 주신 소망을 붙들고 끝가지 포기하지 않으면 하나님이 반드시 소망을 이루어 주십니다.

> "너희의 믿음의 역사와 사랑의 수고와 우리 주 예수 그리스도에 대한 소망의 인내를 우리 하나님 아버지 앞에서 끊임없이 기억함이니"(살전 1:3)

3. 하나님의 눈으로 세상을 바라보아야 합니다

요셉은 자신의 모든 과거가 하나님의 섭리 가운데 있다는 것을 깨달았습니다. 요셉은 하나님의 눈으로 자신의 모든 일들을 바라보았습니다. 아버지 야곱이 죽게 되자 형들은 요셉이 자신들에게 복수할 것을 두려워했습니다(15절). 그들은 요셉에게 아버지가 죽기 전 자신들의 죄와 허물을 용서할 것을 명령했다고 전합니다(17절). 이러한 형들에게 요셉은 두려워하지 말라고 말합니다. 자신이 하나님을 대신할 수 없고, 하나님께서 모든 것을 선으로 바꾸고 많은 사람들의 생명을 구원하도록 하나님께서 자신을 사용하셨다고 말합니다. 요셉은 자신이 억울하게 고생했다는 인간적인 관점이 아니라 하나님께서 인도하신 자신의 삶을 바라보며 하나님의 눈으로 인생을 바라봅니다.

요셉은 하나님의 계획과 섭리 가운데 역사하심을 바라보며, 자신을 죽이고자 했던 형들까지도 용서하며 위로하고 그들의 자녀들까지 돌보겠다고 합니다. 믿음의 사람은 인간의 눈으로 세상을 바라보지 말고 하나님의 눈으로 바라보아야 합니다. 하나님의 눈으로 세상을 바라볼 때 하나님이 주신 소망을 이뤄 갈 수 있습니다.

"몸이 하나요 성령도 한 분이시니 이와 같이 너희가 부르심의 한 소망 안에서 부르심을 받았느니라"(엡 4:4)

말씀 실천하기

* 힘들지만 하나님께서 내게 맡겨주신 일을 기쁨으로 감당하겠습니까?
* 힘들고 억울하지만 하나님의 눈으로 바라보아야 할 것은 무엇입니까?

합심 기도하기

* 주님을 바라보며, 소망을 붙들고 끝까지 포기하지 않고 살아가게 하옵소서.
* 인간적인 눈으로 세상을 보기보다 하나님의 시각으로 세상을 바라보게 하옵소서.

능력의 주 하나님의 인도

본문 말씀 출 3:1~12

이룰 목표
- 부르심과 연단의 과정이 하나님을 의지하는 시간임을 배운다.
- 나의 힘과 능력이 아닌 하나님의 능력을 믿고 순종하는 삶을 산다.

말씀 살피기
- 여호와께서 모세를 부르실 때에 모세는 어떻게 대답했습니까?(4절)
- 여호와께서 모세에게 어떤 약속의 말씀을 하셨습니까?(10절)
- 모세에게 이스라엘을 출애굽 시키라고 했을 때 어떻게 대답했습니까?(11절)

소그룹예배 인도 순서

사도신경	다 같이
찬　송	320장(통 350)
기　도	회원 중
본문 말씀	출 3:1~12
새길 말씀	출 3:12
헌금 찬송	428장(통 488)
헌금 기도	회원 중
주기도문	다 같이

말씀 나누기

사람은 보이는 것을 가지고 평가하고 의지하며 살아갑니다. 힘 있는 사람을 의지하든지, 재물을 의지하든지, 어떤 것이든 의지하며 살아갑니다. 그러나 그 대상은 절대적이지 않습니다.

그 대상을 의지하며 살다가 뜻대로 되지 않으면 삶의 의욕을 잃거나 꿈과 소망을 잃어버린 채 살아갑니다. 우리도 역시 이러한 어려움과 고난을 만나면 순간 좌절감에 빠져 일어날 힘조차 없을 수도 있습니다. 그러나 이때가 절대자이신 하나님을 바라보며 의지할 때입니다. 마치 갓난아이가 생존하기 위해 엄마가 필요한 때와 같습니다. 아기는 무엇을 먹을지 신경을 쓰거나 걱정할 필요가 없습니다. 엄마만 있으면 됩니다. 아기에게는 엄마의 존재만이 필요하듯 이스라엘 백성에게도 하나님의 존재만이 필요한 시점입니다.

그동안 이스라엘은 풍요로운 삶으로 하나님을 잊고 살았습니다. 그러나 바로의 박해로 이제 하나님을 찾습니다. 이스라엘의 탄식과 기도를 들으신 하나님은 노예 생활로 절망 가운데 살아가는 그들을 다시 일어서도록 지도자를 보내십니다. 이스라엘을 이끌었던 지도자 모세를 통해 능력의 하나님을 바라볼 뿐만 아니라 꿈과 소망을 잃었던 모세가 어떻게 하나님 앞에서 다시 일어서게 되었는지 살펴보겠습니다.

1. 하나님은 절망 가운데 있는 모세를 부르십니다

소명(calling)이라는 말이 있습니다. 이 말은 '명령에 부름 받았다'는 말입니다. 상황과는 상관없이 하나님은 그의 뜻을 위해 부르십니다. 본문에서는 좌절과 포기의 인생을 살고 있는 모세를 하나님께서 부르십니다.

모세는 이스라엘 사람으로 이집트의 노예로 태어납니다. 강가에 버려진 모세는 바로의 딸 이집트 공주의 눈에 띄어 왕궁에서 왕자로 자라게 됩니다. 모세는 자신이 이집트 사람이 아니라 이스라엘 사람임을 알았고, 그는 언젠가 자신의 민족을 구하겠다는 마음이 있었습니다. 40세가 되던 때, 그는 자신의 민족을 위해 이집트 사람을 죽이게 됩니다. 그것이 빌미가 되어 도망자 신세가 되고, 그는 광야에 묻혀 40년간을 살게 됩니다. 더 이상 모세는 40년 전 힘 있고 권력 있던 왕자가 아니라 40년간 광야에서 양치는 목자로 산 힘없는 사람이 되었습니다. 그런데 하나님은 힘없는 80세의 모세를 부르십니다. 왜 하나님께서는 40세가 아닌 80세의 모세를 불렀을까요? 모세에게 연단의 시간이 필요했습니다.

"이러므로 우리도 항상 너희를 위하여 기도함은 우리 하나님이 너희를 그 부르심에 합당한 자로 여기시고 모든 선을 기뻐함과 믿음의 역사를 능력으로 이루게 하시고"(살후 1:11)

2. 하나님은 온전히 하나님을 의지할 때까지 연단의 과정을 주십니다

하나님이 부르시며 사용하시는 사람은 세상기준으로 힘이 있거나 능력이 준비되어서가 아닙니다. 인간적인 기준이 아닌 하나님의 기준, 즉 하나님을 온전히 의지하는 겸손한 사람을 사용하십니다.

40세의 왕자였던 모세는 혈기 왕성했고 자신의 힘으로 이스라엘을 구원하고자 다짐했습니다. 그만한 지식도 있었으며 무엇인가 할 수 있는 경험도 가지고 있었습니다. 그러나 모세의 의분만으로 이스라엘을 구원할 수도, 하나님께서 사용하실 수도 없었습니다. 하나님은 인간적인 힘으로 이집트를 대적하여 넘어서기 보다는 하나님의 방법으로 이스라엘을 구원하시길 원하셨습니다. 하나님은 40년간의 시간을 통해 모세가 자신을 완전히 내려놓고 하나님만 바라보도록 만드셨습니다. 40년의 시간은 모세를 사용하시고자 했던 연단의 시간이었습니다. 하나님은 온전히 의지하는 단계에 이를 때까지 연단하십니다.

"여호와는 나의 힘과 나의 방패이시니 내 마음이 그를 의지하여 도움을 얻었도다 그러므로 내 마음이 크게 기뻐하며 내 노래로 그를 찬송하리로다"(시 28:7)

3. 하나님의 능력을 의지하며 나아가야 합니다

모세는 40년 동안 모든 권력과 세상의 힘을 내려놓는 연단을 받았습니다. 하나님께서 모세를 부르실 때, 모세는 '여기 있습니다.' 라고 대답합니다(4절). 그러나 이스라엘을 인도하라는 하나님의 명령을 받은 모세는 ‘나는 이제 아무것도 아닙니다. 할 수 있는 능력이 없습니다.’ 라고 하나님께 대답합니다(6~10절, 11절 이후). 자신의 힘이 아닌 하나님의 능력으로 나아가야 하는데 모세는 아직도 자신의 능력 보고 있습니다.

하나님은 모세의 능력을 보신 것이 아닙니다. 하나님께 나오는 모습, 온전히 하나님만 의지할 수밖에 없는 모세를 보시고 부르신 것입니다. 세상의 힘이나 자신의 힘이 아닌 오직 하나님만을 의지하는 그 때가 바로 하나님께서 그를 사용하시는 때입니다.

모세는 모든 순간에 하나님께 물으며, 그의 인도하심에 순종하였습니다. 그리고 이스라엘의 위대한 지도자로 세움 받았습니다. 내 힘과 능력을 의지하지 않고 오직 하나님의 인도하심을 믿고 순종하면 하나님께 쓰임 받는 종이 될 수 있습니다.

“두려워하지 말라 내가 너와 함께 함이라 놀라지 말라 나는 네 하나님이 됨이라 내가 너를 굳세게 하리라 참으로 너를 도와 주리라 참으로 나의 의로운 오른손으로 너를 붙들리라”(사 41:10)

말씀 실천하기

* 자신의 능력 보다 하나님을 바라보며 순종하기 위해 결단하겠습니까?
* 하나님께 나오기까지 어떤 연단을 받았습니까?

합심 기도하기

* 절망과 좌절 가운데서도 능력의 하나님을 바라보며 나아가게 하옵소서.
* 하나님의 능력만을 의지하며 주의 부르심에 순종하게 하소서.

10 동역자와 함께한 승리

본문 말씀 출 17:8~16

이룰 목표
- 힘든 상황에서 동역자의 중요성을 배운다.
- 동역자들이 연합할 때 나타나는 하나님의 위대한 역사를 배운다.

말씀 살피기
- 아말렉이 이스라엘과 싸운 곳은 어디입니까?(8절)
- 모세가 산에서 기도할 때 모세의 손을 잡아준 사람은 누구입니까?(12절)
- 여호와 닛시의 뜻은 무엇입니까?(15절)

소그룹예배 인도 순서

사도신경	다 같이
찬 송	347장(통 382)
기 도	회원 중
본문 말씀	출 17:8~16
새길 말씀	출 17:12
헌금 찬송	380장(통 424)
헌금 기도	회원 중
주기도문	다 같이

말씀 나누기

출애굽한 이스라엘 백성들은 가슴에 희망을 품고 약속의 땅을 향하여 행진을 시작했습니다. 광야에 들어서면서 많은 고난과 어려움을 만날 때마다 백성들은 원망과 불평합니다. 하지만 하나님께서는 놀라운 기적으로 백성을 인도하십니다. 구름기둥과 불기둥은 이스라엘 백성들의 눈앞에 펼쳐진 하나님의 보호하심이었습니다.

애굽에서 종으로 산 이스라엘 백성들은 군사훈련을 받지 못했을 뿐 아니라 철병거 같은 무기도 없었습니다. 광야를 지나면서는 군사훈련을 할 수 있는 환경도 아니었고, 그럴만한 시간도 없었습니다. 이런 형편에 있는 이스라엘을 전쟁에 능한 아말렉 족속이 후미에서 공격해 옵니다. 혼란과 큰 위기에 빠진 이스라엘이 어떻게 위기를 극복하고, 승리할 수 있었는지 살펴보겠습니다.

1. 시험은 예기치 못했을 때 찾아옵니다

이스라엘 백성들은 하나님의 인도하심 속에서 광야를 지나고 있었습니다. 순간순간 어려움도 있었지만 하나님의 기적과 표적 안에서 순조로운 진행을 하고 있었습니다. 이스라엘 백성들이 르비딤을 지날 때에 예상하지 못했던 큰 위기를 맞이하게 됩니다. 아말렉이 후미에서 갑작스럽게 쳐들어온 것입니다.

아말렉은 전쟁도 많이 경험하고 훈련도 잘되어 있는 반면에 이스라엘은 전쟁을 해본 경험이 없습니다. 군사훈련도 미흡한 상태였습니다. 아말렉과 전쟁을 해야 하는 이스라엘 백성들은 혼란과 두려움뿐이었습니다. 가나안을 향해 행진하던 그들에게 찾아온 것은 안정과 희망이 아닌 두려움과 절망감이었습니다. 이렇듯 우리도 삶속에서 예상치 못했던 위기를 만나면 당황하고 절망할 때가 많이 있습니다. 마귀는 항상 우리를 뒤에서 공격하고 있음을 알아야 합니다.

> "근신하라 깨어라 너희 대적 마귀가 우는 사자 같이 두루 다니며 삼킬 자를 찾나니"(벧전 5:8)

2. 승리를 위해 동역하는 모습은 아름답습니다

아말렉의 갑작스런 공격으로 혼란에 빠진 이스라엘 백성을 위해 모세는 아말렉을 대항하기 위해 작전을 세웁니다. 모세의 작전은 하나님께 의지하여 기도하는 것이었습니다. 모세는 기도하기 위해 산으로 올라가면서 여호수아에게 군사들을 이끌고 싸움터로 나가 아말렉과 싸울 것을 명령합니다. 아론과 훌도 모세와 함께 산으로 올라갑니다.

전쟁할 때에 모세의 손이 올라가면 이스라엘이 이기고, 피곤하여 손이 내려가면 아말렉이 이깁니다. 전쟁은 창과 칼을 가지고 여호수아가 싸우고 있지만, 전쟁의 승패는 기도에 달려있음을 알 수 있습니다. 아론과 훌이 힘을 다하여 모세의 손이 내려오지 않도록 붙들어 줍니다. 저녁까지 손이 내려오지 않도록 붙들어 줌으로 이스라엘이 승리하게 됩니다.

이처럼 함께 돕고 동역하는 것을 하나님은 기뻐하십니다. 한마음이 될 때 하나님은 역사하십니다. 초대교회 성도들이 모여 한마음으로 기도할 때 오순절 성령의 역사가 나타났습니다. 하나님의 복음을 위해 협력하고, 교회에서 맡겨진 사명을 위해 다른 지체들과 협력하는 동역자의 마음을 가진 사람은 아름답습니다.

"즐거워하는 자들과 함께 즐거워하고 우는 자들과 함께 울라 서로 마음을 같이하며 높은 데 마음을 두지 말고 도리어 낮은데 처하며 스스로 지혜 있는 체 하지 말라"(롬 12:15~16)

3. 동역은 승리를 가져옵니다

여호수아가 칼날로 아말렉을 무찔렀습니다. 외형적인 면을 보면 여호수아 때문에 전쟁에서 승리한 것으로 생각할 수 있습니다. 영적인 내면을 볼 수 없는 사람은 여호수아에게 찬사를 보내거나, 영웅으로 칭송하려고 했을 것입니다. 그러나 믿음을 가진 사람은 보이지 않는 곳에서 역사하신 하나님을 찬양합니다.

모세는 "제단을 쌓고 그 이름을 여호와 닛시"(15절) 라고 부릅니다. 하나님께서 승리의 깃발이 되시고, 하나님께서 이 전쟁에서 승리하도록 이끄셨다는 고백입니다. 모세, 아론, 훌 그리고 여호수아의 동역이 승리를 이끌어 냈습니다. 우리는 살아가면서 눈에 보이는 전쟁과 보이지 않는 영적 전쟁을 하고 있습니다. 이 모든 싸움에서 승리하기 위해서는 믿음의 동역자가 있어야 합니다. 함께 동역하며 선한 싸움을 싸울 때 하나님께서 승리를 주십니다. 지금 영적 싸움을 싸우고 있습니까? 이김은 하나님께 있습니다.

"무릇 하나님께로부터 난 자마다 세상을 이기느니라 세상을 이기는 승리는 이것이니 우리의 믿음이니라"(요일 5:4)

말씀 실천하기

* 갑작스런 고난이 찾아 올 때 기도하고 있습니까?
* 다른 사람과 협력하며 동역자의 관계를 유지하고 있습니까?

합심 기도하기

* 교만하지 않고 다른 사람과 협력할 수 있도록 도와주소서.
* 위기 때마다 하나님을 신뢰하고 기도하는 자가 되도록 도와주소서.

의로운 소수의 강력한 힘

본문 말씀 민 14:4~10

이룰 목표
- 반대와 문제 앞에서도 담대한 믿음을 보인 모습을 배운다.
- 믿음은 다수가 아니라 하나님의 뜻을 따르는 것임을 배운다.

말씀 살피기
- 정탐꾼 중에 믿음으로 보고한 사람은 몇 명입니까?(6절)
- 여호수아와 갈렙은 정탐한 땅이 어떤 땅이라고 보고합니까?(7절)
- 여호수아와 갈렙은 그 땅에 뭐가 흐른다고 보고합니까?(8절)

소그룹예배 인도 순서

사도신경	다 같이
찬 송	545장(통 344)
기 도	회원 중
본문 말씀	민 14:4~10
새길 말씀	민 14:8
헌금 찬송	597장(통 378)
헌금 기도	회원 중
주기도문	다 같이

말씀 나누기

가나안을 향해 거친 광야 길을 행진하던 이스라엘 백성들은 드디어 약속의 땅이 눈앞에 보이는 바란 광야의 가데스바네아 지역까지 왔습니다. 하나님께서 아브라함 때부터 약속하셨던 땅을 눈앞에 둔 이스라엘 백성들은 그 땅에 들어갈 기대감과 가슴 벅찬 흥분을 가지고 바라보니 멀리 유대 평야가 보였습니다.

모세는 그 땅을 정복하기 위해 열두 명의 정탐꾼을 뽑아 탐지하도록 보냈습니다. 그 땅을 두루 탐지한 정탐꾼들이 돌아와서 보고하는데, 그 내용이 완전히 달랐습니다. 여호수아와 갈렙을 제외한 정탐꾼들은 "그 땅의 거민들은 철병거를 가지고 있고 거인이며, 우리는 그들에게 비교해 볼 때 메뚜기 같은 존재에 불과하다."고 악평합니다. 이 사건을 통해 신앙과 불신앙이 얼마나 엄청난 결과를 가져 오는지 살펴보겠습니다.

1. 공동체에는 항상 부정적인 사람이 있습니다

하나님께서 지시하신 땅은 젖과 꿀이 흐르는 약속의 땅입니다. 그 땅에는 비록 철병거로 무장한 거대한 아모리 족속과 원주민들이 거주하고 있었지만 하나님께서 이스라엘 백성들에게 주시기로 약속한 땅입니다. 믿음을 가지고 나가면 아무리 거대한 족속과 장애물이 있어도 그 땅을 정복할 수 있습니다. 하나님께서 도와주시기 때문입니다.

하지만 이스라엘 백성들은 부정적인 보고를 하는 정탐꾼들의 말을 듣고 불평하며 통곡합니다. 하나님께서 약속하신 땅을 탐지하고 부정적인 보고를 한 사람들은 분명히 문제가 있습니다. 그들에게는 하나님의 약속에 대한 믿음이 없었기에 탐지하는 모든 땅을 부정적으로만 보게 됩니다. 그래서 그 땅을 악평하게 된 것입니다.

그 땅을 악평하며 보고한 정탐꾼들도 문제였지만, 그들의 말을 듣고 원망과 불평, 심지어는 통곡하며 돌을 들고 여호수아, 갈렙, 모세를 돌로 치려고 한 사람들입니다. 이들 역시 믿음으로 하나님의 약속을 바라보는 것이 아니라 부정적인 생각만하는 사람들이었습니다. 부정적인 사람들로 인해 이스라엘 백성들은 40년 동안 광야를 방황해야 하는 엄청난 결과를 가져오게 했습니다.

"내가 너희에게 이르노니 속히 그 원한을 풀어 주시리라 그러나 인자가 올 때에 세상에서 믿음을 보겠느냐"(눅 18:8)

2. 하나님의 약속을 믿은 소수의 사람들이 있습니다

어느 시대에나 긍정적인 믿음의 사람들 보다는 부정적인 사람들이 항상 많았습니다. 그럼에도 불구하고 하나님의 역사는 소수지만 긍정적인 믿음의 사람을 통해 이어져왔습니다. 여호수아와 갈렙은 젖과 꿀이 흐르는 가나안 땅을 탐지하며 하나님의 약속을 믿었습니다. 다른 사람들은 나쁜 것만 볼 때 이들에게는 좋은 것만 보였습니다. "거기서 포도송이가 달린 가지를 베어 둘이 막대기에 꿰어 메고 또 석류와 무화과를 따니라"(민 13:23).

하나님의 약속을 믿는 믿음의 사람들은 불리하고 어려운 환경에도 좋은 것을 봅니다. 좋은 생각을 하고 좋은 마음을 가졌기 때문에 좋은 열매를 맺습니다. 여호수아와 갈렙은 하나님의 약속에 대한 믿음이 있었기에 부정적인 이스라엘 백성들을 향하여 "여호와를 거역하지 말라 그 땅 백성을 두려워하지 말라 그들은 우리의 먹이라"(9절) 고 담대히 말할 수 있었습니다. 여호수아와 갈렙의 긍정적인 믿음은 광야에서 태어난 다음세대들에게 큰 영향력을 주었고, 나중에는 이들과 함께 가나안 땅을 정복합니다.

> "믿음은 바라는 것들의 실상이요 보이지 않는 것들의 증거니 선진들이 이로써 증거를 얻었느니라"(히 11:1~2)

3. 하나님의 약속은 반드시 성취됩니다

하나님의 약속을 믿고 순종한 여호수아와 갈렙은 아브라함 때부터 약속된 땅을 차지합니다. 시대와 사람들이 어떻게 변하든지 하나님의 약속은 반드시 성취된다는 것을 알 수 있습니다. 하나님의 역사를 이루는 일에 쓰임 받을 수 있다는 것은 최고의 복입니다.

우리에게 허락된 인생은 한 번 뿐입니다. 또한 일생에서 쓰임 받는 시간도 길지 않습니다. 그렇다면 무엇보다도 하나님께서는 약속을 반드시 지키신다는 확신을 갖고, 불확실성의 시대에 살지만 하나님의 말씀을 붙잡고 살아야 합니다. 믿음의 사람은 환경을 원망하며 좌절하지 않고 환경을 뛰어 넘습니다.

하나님께서는 아브라함, 모세, 여호수아, 갈렙 같은 믿음의 사람들을 통해 위대한 역사를 이어오셨습니다. 지금도 하나님은 믿음의 사람을 통해 계획하신 일을 성취해 나가고 계십니다. 하나님의 마음을 감동시키는 믿음의 사람이 되어 이 시대에 귀히 쓰임 받는 복의 사람이 되어야 합니다.

"일을 행하시는 여호와, 그것을 만들며 성취하시는 여호와 그의 이름을 여호와라 하는 이가 이와 같이 이르시도다"(렘 33:2)

말씀 실천하기

* 불확실한 환경에도 끝까지 하나님을 신뢰하고 있습니까?
* 믿음의 거룩한 영향력을 다른 사람에게 보이고 있습니까?

합심 기도하기

* 긍정적이고 창조적인 믿음으로 주님의 뜻을 이루도록 도와주소서.
* 어떠한 환경에도 주님만 의지하도록 도와주소서.

능력의 주 하나님의 동행

본문 말씀 신 31:14~23

이룰 목표
- 부르심에 합당한 삶을 사는 그리스도인이 된다.
- 능력의 하나님을 기억하며 담대한 삶을 산다.

말씀 살피기
- 여호와께서 모세를 부르신 이유는 무엇입니까?(14절)
- 모세에게 내려진 마지막 명령은 무엇입니까?(19절)
- 언약의 성취를 위해 여호수아에게 무엇이라고 말씀하셨습니까?(23절)

소그룹예배 인도 순서

사도신경	다 같이
찬 송	384장(통 434)
기 도	회원 중
본문 말씀	신 31:14~23
새길 말씀	신 31:22
헌금 찬송	347장(통 382)
헌금 기도	회원 중
주기도문	다 같이

말씀 나누기

어느 단체이든 세대교체가 있는 곳에는 두려움이 있습니다. 왜냐하면 어떤 변화가 올 것인지 예측할 수 없고 무엇보다 지도자의 교체가 어떤 영향력을 미칠지 모르기 때문입니다.

모세는 이스라엘 민족을 굳건한 나라로서 발돋움 하는 일에 절대적인 역할을 했습니다. 그러나 이제는 120세가 되었고 하나님의 부르심을 기다리는 나이가 되었습니다.

이제 이스라엘은 리더십의 새로운 변화를 맞이하게 되었습니다. 가장 어렵고 힘든 시기를 이겨내고 이끌었던 모세를 이어 지도자로 여호수아가 세움 받습니다. 위대한 지도자의 뒤를 잇는 것은 영광이지만 동시에 어려운 자리였습니다. 모세만큼 역할을 감당할 수 있을 것인가에 대한 두려움이 있었을 것입니다.

본문은 하나님께서 모세를 불러 여호수아와 함께 마지막 명령을 전하는 장면입니다. 삶을 마감하는 모세와 두려움 가운데 있는 여호수아에게 능력의 하나님께서 어떻게 격려하시는지 살펴보겠습니다.

1. 편안함이 하나님을 떠난 삶으로 가지 않도록 해야 합니다

하나님께서는 모세가 가나안에 입성하지 못하고 죽을 것과 이스라엘 백성들이 여호수아와 함께 약속의 땅으로 들어갈 것을 말씀 하십니다(16~21절). 그리고 그 약속의 땅에서 이스라엘 백성은 이방신을 따르며 하나님을 버리고 언약을 깨뜨릴 것과, 이로 인해 하나님께서 진노할 것을 경고하며 알려 주십니다(16~18절). 또한 이스라엘 백성이 가나안 땅에서 배부르고 살이 찌는 풍요를 누리지만 그들에게 독이 되어 다른 신들을 섬기고 하나님의 언약을 어길 것이라고 말씀하십니다(20절).

이 말씀처럼 편안함과 풍요가 하나님을 잊고 살도록 하는 독이 되었습니다. 현대를 살아감에 있어서 편안함과 안락함으로 인해 하나님 없는 삶을 살고 있지는 않은지 점검해야 합니다. 예전보다 더 빠르고 편리한 생활, 풍요로운 삶으로 인해 예수님이 가르쳐 주신 섬김과 봉사, 기도 그리고 사랑의 가치를 잃어버리고 살고 있지는 않은지 말씀 앞에 비춰봐야 합니다. 살기 좋고 편리한 세상이 되어갈수록 더 말씀을 붙잡고 살아가야 합니다.

"시험에 들지 않게 깨어 기도하라 마음에는 원이로되 육신이 약하도다 하시고"(마 26:41)

2. 하나님께서는 우리에게 깨달을 수 있는 말씀을 예비하십니다

하나님을 버리고 떠날 이스라엘을 위해 하나님께서는 모세에게 말씀의 노래를 지어 자손들에게 가르치라고 하십니다(19절). 이 노래는 이스라엘을 향한 하나님의 증거라고 말씀하십니다(21절). 하나님의 명령을 따라 모세는 말씀에 대한 노래를 지어 이스라엘 자손들에게 가르칩니다(22절). 말씀과 언약의 노래를 통해 하나님의 임재하심을 깨닫도록 한 것입니다.

우리는 많은 말씀의 찬양을 배웁니다. 예를 들면 '너희는 먼저 그의 나라와 그의 의를 구하라,' '나의 힘이 되신 여호와여,' '주는 나를 기르시는 목자요' 이런 찬양을 부릅니다. 이와 같은 찬양이 잘못된 길을 깨닫게 하고 주님께 결단하게도 합니다. 하나님은 노래를 사용하여서 주의 말씀을 잊지 않기를 바라셨습니다(21절). 우리도 말씀을 잊지 않도록 찬양을 통해 말씀을 마음에 새겨야 합니다.

"모든 성경은 하나님의 감동으로 된 것으로 교훈과 책망과 바르게 함과 의로 교육하기에 유익하니"(딤후 3:16)

3. 능력의 하나님이 함께 하심으로 강하고 담대하게 나아가야 합니다

하나님은 이스라엘 백성이 하나님을 떠날지라도 다시 하나님께 돌아올 수 있도록 모세를 통해 노래를 주셨고, 또한 지도자가 될 여호수아에게도 격려의 메시지를 주십니다(23절).

여호수아는 위대한 지도자가 떠난 자리를 대신해야 했기 때문에 부담감이 있었을 것입니다. 이러한 여호수아에게 하나님께서는 모세 생전에도 "강하고 담대하라"는 말씀을 주셨고, 모세가 죽은 후에도 여러 차례 "강하고 담대하라"고 여호수아를 격려하십니다(23절, 수 1:6, 7, 9). 강하고 담대하라고 말씀하신 이유는 하나님께서 그가 어디를 가든지 함께 하실 것이기 때문입니다(23절, 수 1:5, 9).

우리가 두려운 이유는 능력의 하나님을 바라보지 못하기 때문입니다. 나의 삶 속에 언제나 능력의 하나님이 나와 함께 하심을 믿고 확신하며 강하고 담대함으로 나아가야 합니다.

"내가 네게 명령한 것이 아니냐 강하고 담대하라 두려워하지 말며 놀라지 말라 네가 어디로 가든지 네 하나님 여호와가 너와 함께 하느니라 하시니라"(수 1:9)

말씀 실천하기

* 편하고 쉽게 지내는 것보다 섬김과 봉사를 위한 길을 선택하겠습니까?
* 능력의 하나님이 함께 하심을 기억하며 항상 찬양하겠습니까?

합심 기도하기

* 삶의 목적이 부르심에 합당한 섬김으로 복의 통로가 되게 하옵소서.
* 능력의 하나님이 함께 하심을 기억하며 강하고 담대하게 살게 하옵소서.

주의 법을 사랑하는 자에게는 큰 평안이 있으니
그들에게 장애물이 없으리이다(시편 119:165)

가나안 정착시대

PART 2

순종으로 무너진 여리고 성

본문 말씀 수 6:1~21

이룰 목표
- 하나님의 명령은 사람의 이성을 뛰어 넘을 수 있음을 깨닫는다.
- 이해할 수 없으나 순종할 때 역사하심을 안다.

말씀 살피기
- 여리고는 왜 굳게 닫혀 있었습니까?(1절)
- 여리고를 향한 하나님의 명령은 무엇입니까?(3~4절)
- 이스라엘 백성들은 어떻게 순종했습니까?(11~16절)

소그룹예배 인도 순서

사도신경	다 같이
찬 송	347장(통 382)
기 도	회원 중
본문 말씀	수 6:1~21
새길 말씀	수 6:15
헌금 찬송	357장(통 397)
헌금 기도	회원 중
주기도문	다 같이

말씀 나누기

여호수아는 모세를 가장 가까이 섬긴 사람입니다. 모세의 뒤를 이어 이스라엘 백성의 지도자로 세움 받고 맡은 첫 번째 임무는 여리고 성 점령이었습니다. 그는 두 명의 정탐꾼을 보내 여리고를 샅샅이 살핀 후 공격하려 하는 데 문제는 넘실대는 요단강이었습니다. 그때 하나님은 법궤를 메고 제사장들이 먼저 요단강으로 들어서고, 그 뒤를 백성들이 따라 들어가라고 말씀 하셨습니다. 배를 타거나 다리를 만들어 놓고 건너가는 것이 아니었습니다. 하나님의 말씀이 이해되지 않았지만 "요단 물가에 이르거든 요단에 들어서라"는 명령을 여호수아와 백성들은 순종했습니다.

또한 하나님은 요단강을 건넌 여호수아에게 "전 백성에게 할례를 행하라" 명령하십니다. 할례를 행하면 최소한 2~3일은 꼼짝 할 수 없습니다. 이때 적이 공격하면 죽을 수밖에 없는 상황이지만 여호수아와 백성들은 순종했습니다.

여리고 성 앞에서 하나님은 또 이해할 수 없는 명령을 내리십니다. 본문을 통해 여호수아와 이스라엘 백성들은 어떻게 반응했는지 그리고 하나님은 어떻게 역사하셨는지를 살펴보고자 합니다.

1. 여리고성은 굳게 닫혀있었습니다

가나안 땅을 정탐한 두 명의 정탐꾼이 "애굽에서 나올 때에 하나님께서 홍해를 가르신 일과 아모리 왕들을 멸하신 일로 인해 가나안 사람들의 마음이 녹았고 정신을 잃었다"고 보고하자 이스라엘 백성들은 사기가 충천했습니다. 그들은 곡식 거두는 시기에 언덕까지 물이 넘실대는 요단강 앞에서 자신을 성결케 하며 기도했습니다. 그 후 하나님의 명령을 따라 제사장들이 궤를 메고 요단강을 밟는 순간, 흐르던 물이 멈추고 땅이 말라 온 백성이 요단을 건넜습니다. 이 사건으로 인해 가나안 땅의 왕들은 더욱 두려워했습니다(5:1).

그러나 가나안 땅의 첫 관문인 여리고 성은 굳게 닫혀 있었습니다. 여리고 성은 난공불락의 요새입니다. 이 성은 경사가 가파른 정상에 위치하고 있을 뿐 아니라 이중으로 성벽을 쌓았고 외벽의 높이가 9미터 정도였다고 합니다. 여리고 성은 이스라엘의 공격에 대비하여 성문을 굳게 닫고 특별경계령을 내렸습니다.

인간이 이해할 수 없는 방법이었지만 순종했을 때 문제가 해결됨을 경험했던 이스라엘 백성들은 또 다시 여리고 성벽이라는 난제 앞에서 하나님의 뜻을 되물을 수밖에 없는 상황에 봉착하게 됩니다. 왜냐하면 하나님의 말씀에 순종하여 기적적으로 요단강을 건넜는데 지금 다시 이런 난제를 만났기 때문입니다.

신앙의 사람 여호수아는 문제의 답을 하나님 안에서 찾았습니다. 하나님은 역사의 주권자이십니다. 그러기에 우리가 말씀에 순종하면 형통하게 하시겠다고 약속하셨습니다. 가정이나 직장 또는 전도 현장에도 언제나 넘실대는 요단강이 있고, 열릴 것 같지 않은 굳게 닫힌 문, 무너지지 않을 것 같은 벽이 있습니다. 그러나 하나님은 벽을 보지 말고 하나님을 바라보기 원하십니다.

"믿음은 바라는 것들의 실상이요 보이지 않는 것들의 증거니"(히 11:1)

2. 하나님의 명령은 이해할 수 없었습니다

여호수아와 이스라엘 백성들이 난공불락의 요새인 여리고 성을 바라보고 있을 때, 하나님은 여호수아에게 "보라 내가 여리고와 그 왕과 용사들을 네 손에 넘겨주었다"(2절)고 약속하십니다. 보기에는 난공불락의 요새이고, 여리고 성의 왕과 용사들의 용맹이 대단할지라도 문제가 되지 않는다는 말씀입니다. 왜냐하면 세상을 주관하시는 하나님이 여리고를 여호수아의 손에 넘기기로 이미 약속하셨습니다. "네가 발바닥으로 밟는 모든 곳을 네게 주겠다"(수 1:3), "네 평생에 너를 능히 당할 자가 없을 것"(수 1:5)이라고 말씀하셨습니다.

하나님은 6일 동안 성 주위를 매일 한 바퀴씩 돌되 백성들은 조용히 따르고 제사장들은 나팔을 불며 돌라 말씀하십니다. 칠일 째는 일곱 바퀴를 돌고 마지막에는 나팔을 불며 큰소리로 외치라 명하십니다. 그리하면 성벽이 무너져 내릴 것이니 그때 백성들은 성 안으로 들어가라 하십니다. 성벽 어느 쪽이 경계가 허술하니 그쪽을 공격하라든지, 땅굴을 파라든지, 어디에 비밀 문이 있으니 그곳으로 들어가라고 명령하셨다면 수긍하기 쉬었을 것입니다. 그러나 하나님께서 주신 말씀은 이해하기 어려운 명령이었습니다. 이성과 경험으로 이해 할 수 없는 명령이지만 하나님을 믿고 순종하기를 원하십니다.

"사무엘이 이르되 여호와께서 번제와 다른 제사를 그의 목소리를 청종하는 것을 좋아하심 같이 좋아 하시겠나이까 순종이 제사보다 낫고 듣는 것이 숫양의 기름보다 나으니"(삼상 15:22)

3. 즉시 끝까지 순종했습니다

여호수아는 하나님의 말씀을 이해하려고 하지 않고 믿음으로 즉시 실행했습니다. 무장한 군인들을 앞세워 돌았습니다. 여호수아는 백성들에게 행진하는 동안 아무도 입을 열지 말라고 명령했습니다.

이스라엘 백성들은 모세와 함께 용맹하기로 이름난 아모리 왕 시혼과 바산 왕 옥과 싸워 승리한 경험이 있습니다. 또한 여호수아와 함께 미디안 다섯 왕과 싸워 이긴 경험이 있습니다. 전쟁에서 승리한 경험이 있는 군인들이 무장을 하고 6일 동안 성 주위를 돌기만 한다는 것은 쉬운 일이 아니었습니다. 일곱째 날이 되어 일곱 번 돌 때, 어떤 변화도 일어나지 않으면 지치고 힘들어 그들 중 누군가 불평할 수도 있었기 때문에 여호수아는 아무 말도 하지 말라고 경고했습니다(10절).

일곱째 날 성을 일곱 번 돌고 난 후 나팔을 길게 울려 불면서 큰 소리로 외치니 성이 한순간에 무너졌습니다. "전과 같은 방식으로 성을 일곱 번 돌았다"(수 6:15)는 말은 끝까지 순종했다는 것입니다. 이성적 판단이나 전술 그리고 경험적으로 볼 때 이해하기 어려운 명령이지만 순종했습니다. 여리고 성은 어떤 침략도 막을 수 있는 견고한 성이었지만 순종하는 사람을 막을 수는 없었습니다. 하나님은 순종하는 사람과 함께 하시기 때문입니다.

말씀의 성취는 순종을 통해 나타납니다. 순종은 내 의지를 꺾고 하나님의 뜻에 따라 행동하는 것입니다. 여호수아와 백성들은 한 사람도 예외 없이 온전히 순종했습니다. 불평할 수도 있고, 포기할 수도 있습니다. 지혜로운 사람의 말을 듣고 다른 방법을 찾으려는 유혹이 있을 수 있습니다. 그러나 하나님의 약속을 믿고 당장에 눈에 보이는 변화가 없어도 끝까지 순종할 때 여리고 성이 무너지는 것을 그들은 보았습니다.

"주의 계명들을 지키기에 신속히 하고 지체하지 아니하였나이다"(시 119:60)

말씀 실천하기

* 문제를 만났을 때 어떻게 해야 합니까?
* 이해할 수 없는 명령을 들었을 때 어떻게 하겠습니까?

합심 기도하기

* 문제를 만났을 때 하나님을 의지하게 하소서.
* 이해되지 않는 명령을 들어도 즉각 순종하게 하소서.

아이 성 전투의 영적 교훈

본문 말씀 수 7:1~15

이룰 목표
- 성공했을 때 자만하지 않고 언제나 하나님께 영광을 돌리는 삶을 산다.
- 무엇을 하든지 먼저 기도하고 하나님의 뜻을 묻는 성도가 된다.

말씀 살피기
- 하나님께서 이스라엘 자손들에게 진노하신 이유는 무엇입니까?(1절)
- 아이성 전투에서 이스라엘이 패전한 이유는 무엇입니까?(2~4절)
- 하나님께서 이스라엘 자손들이 어떻게 하면 다시는 함께 하지 않겠다고 말씀하셨습니까?(12절)

소그룹예배 인도 순서

사도신경	다 같이
찬 송	384장(통 434)
기 도	회원 중
본문 말씀	수 7:1~15
새길 말씀	수 7:12
헌금 찬송	353장(통 391)
헌금 기도	회원 중
주기도문	다 같이

말씀 나누기

이스라엘이 가나안 땅에 들어가 첫 번째로 점령한 성읍은 큰 성 여리고 성이었습니다. 여리고 성을 점령한 자신감으로 아이 성과 전투를 하게 되었습니다. 그러나 이스라엘은 제대로 싸워보지도 못하고 도망쳐 왔습니다. 사실 아이 성 전투는 정탐꾼들이 보고한 바에 의하면 불과 이삼천 명만 가지고도 충분히 정복할 수 있는 작은 성이었습니다. 그럼에도 불구하고 이스라엘은 아이 성 전투에서 패전했습니다. 여호수아는 너무도 뜻밖의 소식을 듣고 놀라 옷을 찢고 이스라엘 장로들과 함께 하나님 앞에 엎드렸습니다. 머리에 티끌을 뒤집어쓰고 저녁까지 앉아 통곡하며 기도하였습니다. 그러자 하나님께서 패전의 원인이 아간의 범죄 때문이라는 사실을 가르쳐 주셨습니다. 이에 여호수아와 온 백성들이 아간의 문제를 해결하고 나서 비로소 아이 성을 정복할 수 있었습니다.

아이 성 전투가 우리에게 주는 영적 교훈은 무엇입니까? 특히 여호수아의 군대가 아이 성 전투에서 왜 패전하였습니까?

1. 그들은 자기 과신에 빠졌습니다

자기 과신은 자신을 믿는 것으로 성경은 교만이라고 정의하고 있습니다. 아이 성을 정탐하고 돌아온 사람들은 여리고 성과 비교할 때 규모나 수에서 작은 성이기 때문에 이삼천 명 정도만으로도 충분히 정복할 수 있다고 장담하였습니다. 이러한 논리는 이스라엘이 여리고 성을 함락시켰다는 경험에서 나온 자신감이었을 것입니다. 거대한 요새와 같은 여리고 성도 무너뜨렸는데 하물며 이 보잘 것 없는 작은 아이 성 정도는 문제가 없다고 과신했습니다.

그러나 여리고 성은 그들이 함락시킨 것이 아닙니다. 이스라엘 군대가 한 일이라고는 하나님의 명령대로 성 주위를 돌고 여호수아의 신호에 맞춰 소리를 지른 것밖에 없었습니다. 여리고 성은 이스라엘 백성들의 믿음을 보시고 하나님이 무너뜨리신 것입니다. 그럼에도 불구하고 이스라엘 자손들이 이처럼 말하는 것은 여리고 성의 승리야말로 자신들의 힘의 결과라고 착각하는 데서 비롯되었습니다. 뿐만 아니라 앞으로의 모든 싸움도 승리할 수 있다고 자신했던 것입니다. 이것이야말로 자기 과신이요, 교만이었습니다. "교만은 패망의 선봉이요 거만한 마음은 넘어짐의 앞잡이니라"(잠 16:18)는 말씀처럼 사람은 조금만 잘 되면 자신도 모르게 교만해 집니다. 그러므로 승리의 순간처럼 위험한 때가 없습니다. 그래서 바울사도는 고린도전서 10장 12절에서 "그런즉

선 줄로 생각하는 자는 넘어질까 조심하라"고 했습니다.

승리했을 때, 하나님의 뜻에 집중하지 않으면 우쭐해질 수 있습니다. 하나님이 하신 것을 마치 우리가 한 것으로 착각하고 교만해 질 수 있습니다. 자기 과신은 멸망과 파멸이 따라옵니다.

"젊은 자들아 이와 같이 장로들에게 순종하고 다 서로 겸손으로 허리를 동이라 하나님은 교만한 자를 대적하시되 겸손한 자들에게는 은혜를 주시느니라"(벧전 5:5)

2. 불순종은 실패의 원인입니다

여호수아 7장 11절에서 "이스라엘이 범죄하여 내가 그들에게 명한 나의 언약을 어기었나니 곧 그들이 바친 물건을 취하고 도적하고 사기하여 자기 기구 가운데 두었느니라"고 말씀하셨습니다. 여기서 바친 물건이란 하나님을 위해 따로 구별한 물건을 의미합니다.

하나님은 여리고 성을 무너뜨리기 직전, 여호수아 6장 19절에 경고하였습니다. "은금과 동철 기구들은 다 여호와께 구별될 것이니 그것을 여호와의 곳간에 들일지니라" 그런데 한 사람 아간이 하나님께 속한 물건을 훔쳐서 하나님의 말씀에 불순종했습니다. 수많은 무리들 가운데 유독 한 사람만이 하나님을 배반하였습니다. 그러나 하나님은 아간이 죄를 범했다고 말씀하시지 않고 이스라엘이 죄를 범하였다고 하셨습니다. 하나님은 아간 개인의 범죄로 보시지 않고 이스라엘 공동체의 범죄로 보았습니다. 그것은 바로 그들 지체 중의 하나가 죄를 범했기 때문입니다.

한 사람 그리스도인이 죄를 범하면 본인만 고통을 받는 게 아니라 그의 가족, 직장, 학교, 교회등 그가 속한 모든 공동체에도 고통을 주게 됩니다. 마치 이 하나가 아프면 온몸이 다 아픈 것처럼 말입니다. 이처럼 아간의 불순종으로 그들은 큰 실패를 경험합니다. 하나님께 불순종하면 실패할 수밖에 없습니다. 불순종은 실패의 지름길입니다.

"사무엘이 이르되 여호와께서 번제와 다른 제사를 그의 목소리를 청종하는 것을 좋아하심 같이 좋아하시겠나이까 순종이 제사보다 낫고 듣는 것이 숫양의 기름보다 나으니"(삼상 15:22)

3. 회개를 통해서만 회복할 수 있습니다

죄가 있는 한 하나님이 함께 하실 수 없으므로, 무엇보다 죄를 깨끗이 해야 했습니다. 그리고 하나님께 바친 물건 중 아간이 훔친 것을 제거하기 위해 이스라엘 백성을 모이게 하였습니다. 그리고 하나님의 명령을 따라 범죄자 아간을 찾아내고 아간과 그 모든 소유물은 불태웠습니다. 이 죄는 하나님께 망령된 행동이었습니다.

아간의 죄는 하나님의 명령(6:18)에 대한 고의적인 불순종으로 민족 전체를 멸망시킬 뻔 했습니다. 만일 이스라엘 백성 중에 여리고 성에서 탈취한 재물을 제거하지 않는다면 결코 하나님께서 저들과 함께 하실 수 없었습니다.

60만이라는 이스라엘 군사의 숫자로 볼 때 아간의 범죄는 아주 미미하게 볼 수도 있습니다. 그러나 하나님의 거룩함은 결코 어떠한 죄라도 용납할 수 없습니다. 하나님은 이 사건을 통해 백성 전체로 보면 매우 작은 죄라도 결코 용납해서는 안 된다는 것과 죄에 대한 회개가 반드시 있어야 함을 교훈하십니다.

"그러므로 너희가 회개하고 돌이켜 너희 죄 없이 함을 받으라 이같이 하면 새롭게 되는 날이 주 앞으로부터 이를 것이요"(행 3:19)

말씀 실천하기

* 어떤 일을 결정할 때 먼저 하나님의 뜻을 묻고 판단합니까?
* 생활 속에 하나님이 원하시지 않는 것을 버리지 못하고 계속 갖고 있지는 않습니까? 버려야 하는 것은 무엇입니까?

합심 기도하기

* 무슨 일을 하든지 하나님의 뜻을 묻고 그 뜻대로 순종하게 하소서.
* 잘못된 습관과 문제점을 내려놓게 하시고 하나님의 말씀에 순종하는 삶을 살게 하소서.

기브온과 약속을 지킨 여호수아

본문 말씀 수 10:1~14

이룰 목표
- 약속한 것은 반드시 지킨다.
- 어려움을 겪고 있는 형제를 외면하지 않고 돕는다.

말씀 살피기
- 예루살렘 왕은 왜 기브온이 이스라엘과 조약을 맺은 것을 두려워했습니까?(1~2절)
- 다섯 왕이 연합하여 공격할 때 기브온은 어떻게 했습니까?(3~6절)
- 기브온이 도움을 요청할 때 여호수아는 어떻게 했습니까?(7~9절)

소그룹예배 인도 순서

사도신경	다 같이
찬 송	341장(통 367)
기 도	회원 중
본문 말씀	수 10:1~14
새길 말씀	수 10:8
헌금 찬송	314장(통 511)
헌금 기도	회원 중
주기도문	다 같이

말씀 나누기

가나안에 거하는 족속들은 하나님이 강대국이었던 애굽에서 이스라엘 백성들을 구원하신 일과 강한 족속인 시혼과 옥을 물리친 일, 더욱이 여리고 성을 점령하고 아이 성을 점령한 일들로 인해 두려워 떨고 있었습니다. 이때 기브온은 살아남기 위해 여호수아를 속여 화친조약을 맺게 되는데 이로 인하여 기브온은 가나안의 다른 부족들의 공격을 받게 됩니다. 이에 기브온은 여호수아에게 도움을 요청하고 여호수아는 즉시 그들을 도와 위기에서 구해냅니다.

여호수아는 비록 기브온이 자신들을 속

이기는 했지만 이미 화친조약을 맺었기에 목숨을 걸고 그들을 도왔습니다. 여호수아가 약속 때문에 기브온을 도운 것처럼, 하나님은 언약의 자녀인 우리를 결코 외면하지 않습니다. 하나님은 우리를 버리지 않겠다고 약속하셨기 때문입니다(신 4:31, 31:6; 수 1:5). 여호수아가 어떻게 기브온을 도왔는지 본문을 통해 살펴보고자 합니다.

1. 기브온과 조약을 맺었습니다

기브온 주민들은 먼 나라에서 온 것처럼 위장하고 여호수아를 찾아갔습니다. 여호수아가 의심스럽게 따져 묻자 그들은 자신들이 먼 나라에서 왔고, 여호와의 이름으로 이스라엘이 애굽에서 행한 일과 요단 동쪽의 왕들을 멸한 사실을 들었기에 자신들을 종으로 받아주기를 청했습니다. 여호수아는 이들의 말을 믿고, 하나님께 맹세하며 조약을 맺었습니다. 이 일이 있은 후 하나님께 묻지 않음으로 백성들이 원망했지만 이미 하나님의 이름으로 약속한 것은 폐기할 수 없었습니다(수 9:3~18).

기브온 사람들은 주변국들이 두려워 할 만큼 강한 부족이었습니다. 그런데 왜 여호수아를 찾아와 화친을 맺고자 했을까요? 그것은 하나님의 말씀과 능력을 믿었기 때문입니다. 그래서 조약을 맺어서라도 살아남고자 했습니다(수 9:3~15). 사흘이 지난 후 이들이 거짓말했다는 사실이 밝혀지자 여호수아는 그들을 불러 왜 거짓말을 했는지 물었습니다. 이들은 "당신의 하나님 여호와께서 그의 종 모세에게 명령하사 이 땅을 다 당신들에게 주고 이 땅의 모든 주민을 당신들 앞에서 멸하라 하신 것이 당신의 종들에게 분명히 들리므로 당신들로 말미암아 우리의 목숨을 잃을까 심히 두려워하여 이같이 하였나이다"(9:24) 라고 대답했습니다.

기브온 족속들은 여호수아가 이끄는 이스라엘 백성들과 함께 하시는 하나님을 보았습니다. 그리고 그 하나님을 두려워하고 나아가 그 분의 구원을 바라보게 됩니다. 하나님은 기생 라합과 같은 사람도 그의 믿음을 보고 구원하셨듯이(수 6:17), 그들의 믿음을 보시고 여호수아를 통해 구원하셨습니다. 구원받은 사람은 구원을 잃지 않습니다. 왜냐하면 하나님이 끝까지 놓지 않으시겠다고 약속하셨기 때문입니다(요 10:28~29).

> "높음이나 깊음이나 다른 어떤 피조물이라도 우리를 우리 주 그리스도 예수 안에 있는 하나님의 사랑에서 끊을 수 없으리라"(롬 8:39)

2. 기브온이 여호수아에게 도움을 청합니다

가나안의 다섯 왕은 기브온이 이스라엘과 조약을 맺었다는 소식을 들었을 때 두려워 떨었습니다. 왜냐하면 가나안에 있는 왕들이 다 힘을 합해도 전쟁의 승리를 장담할 수 없는데, 그들보다 강하고 큰 성을 가진 기브온 족속이 여호수아에게 백기를 들었기에 두려웠습니다(1~2절). 그때 예루살렘 왕 아도니세덱이 가나안 남부지역 다섯 왕들과 긴급 대책회의를 열어 기브온을 점령하기로 결정했습니다. 기브온이 자기들을 배신하기도 했지만 기브온까지 이스라엘과 합세하면 자신들의 패배는 불을 보듯 뻔했기 때문입니다. 이스라엘의 원군이 오기 전에 기브온을 점령하여 기세를 몰아 이스라엘과도 전쟁을 하려는 계획이었습니다.

기브온은 강한 족속이지만 다섯 왕의 연합군을 이겨내기에는 역부족이었습니다. 기브온은 즉시 여호수아에게 도움을 청합니다. 여호수아는 실수로 조약을 맺은 기브온을 위해 원치 않는 싸움을 하게 되었습니다. 다섯 왕들의 연합군과 싸운다는 것은 부담스러운 일이지만 기브온을 자신들의 공동체로 받아들였기에 그들을 돕는 것은 당연한 일이었습니다. 하나님은 약속한 것을 반드시 지키시는 분임을 알기에 여호수아도 위험을 무릅쓰고 약속을 지켰습니다.

믿음이 약한 사람은 어려움을 만나면 어찌할 바를 모릅니다. 믿기 전에는 사람들을 찾아가 도움을 청하기도 하고, 우상에게도 빌어봅니다. 그러나 믿음을 가진 후에는 믿음의 형제들에게 도움을 청합니다. 누구든지 다른 사람의 문제를 짊어지는 것은 큰 부담입니다. 그러나 우리는 그리스도 안에서 한 가족이기 때문에 믿음이 연약한 사람들의 짐을 함께 져야 합니다. 위기에 처한 형제가 도움을 청할 때 적극적으로 도와야 합니다.

"너희가 짐을 서로 지라 그리하여 그리스도의 법을 성취하라"(갈 6:2)

3. 여호수아는 믿음으로 기브온을 도왔습니다

하나님은 다섯 부족의 연합군과의 전쟁을 앞 둔 여호수아에게 나타나셔서 말씀하십니다. "그들을 두려워하지 말라 내가 그들을 네 손에 넘겨주었으니 그들 중에서 한 사람도 너를 당할 자 없으리라"(8절) 하나님의 말씀을 들은 여호수아는 담대히 전쟁터로 나갑니다. 다섯 부족들의 연합군이지만 그들은 공격 한 번 제대로 해보지 못한 채 패하여 도망갑니다. 하나님께서는 도망가는 그들에게 우박을 내려 우박에 죽은 자가 칼로 죽은 자보다 더 많았습니다.

여호수아가 결단하고 행동에 옮기자 하나님이 일하시기 시작합니다. 믿음으로 하나님의 뜻을 따라 행동할 때, 하나님은 약속하신대로 그의 삶을 책임지십니다. "네 평생에 너를 능히 대적할 자가 없으리니 내가 모세와 함께 있었던 것 같이 너와 함께 있을 것임이니라 내가 그들의 조상에게 맹세하여 그들에게 주리라 한 땅을 이 백성에게 차지하게 하리라"(수 1:5~6) 그러나 순종하지 않으면 하나님의 약속은 우리와 무관합니다. 여호수아는 이스라엘이 보는 앞에서 남은 자들을 공격하기에 시간이 부족할 것 같으니 담대하게 태양과 달이 멈추라고 외칩니다. 하나님의 자녀된 권세를 가진 자로서 담대한 기도를 했습니다. 이 기도를 들으시고 하나님은 여호수아가 적을 완전히 멸하기까지 태양과 달을 멈추게 하셨습니다.

여호수아는 신실하신 하나님을 믿고 믿음으로 나갔습니다. 신실하게 약속을 지키시는 긍휼의 하나님의 마음으로 기브온을 도왔습니다. 기브온과의 약속은 곧 하나님과의 약속입니다. 이웃과의 약속은 곧 하나님과의 약속입니다. 손해가 될지라도 약속은 지켜야 합니다.

"그가 우리를 위하여 목숨을 버리셨으니 우리가 이로써 사랑을 알고 형제를 위하여 목숨을 버리는 것이 마땅하니라"(요일 3:16)

말씀 실천하기

* 약속을 지키기 위해 어떻게 하겠습니까?
* 누군가 도움을 요청할 때 어떻게 하겠습니까?

합심 기도하기

* 주님이 약속을 지키셨듯이 약속을 지키게 하소서.
* 도움을 필요로 하는 형제를 적극적으로 돕게 하소서.

신앙의 사람, 갈렙

본문 말씀 수 14:6~15

이룰 목표
- 하나님을 나의 하나님으로 고백한다.
- 하나님의 말씀을 날마다 묵상하며 순종하는 것이 진정한 믿음임을 안다.

말씀 살피기
- 갈렙은 어떤 말씀을 붙잡고 있었습니까?(9절)
- 갈렙은 여호수아에게 무엇을 요청합니까?(12절))
- 갈렙이 어떻게 헤브론 땅을 기업으로 삼아 오늘까지 이르렀습니까?(15절)

소그룹예배 인도 순서

사도신경	다 같이
찬 송	384장(통 434)
기 도	회원 중
본문 말씀	수 14:6~15
새길 말씀	수 14:12
헌금 찬송	358장(통 400)
헌금 기도	회원 중
주기도문	다 같이

말씀 나누기

이스라엘 백성들은 가나안 땅을 정복한 후에 열두지파에게 땅을 기업으로 나누게 되었습니다. 이때 여호수아의 조력자였던 갈렙은 85세의 나이임에도 불구하고 전혀 흔들림이 없이 하나님께서 약속하신 기업을 여호수아에게 요청합니다. 그의 요청은 모두를 깜짝 놀라게 하는 내용이었습니다. 여생을 어떻게 조용히 보낼 수 있을까를 생각하는 85세의 황혼기에 갈렙은 모두가 정복을 포기한 아낙족속 거주지인 헤브론을 기업으로 달라고 요청한 것입니다.

아낙 족속은 강력한 힘을 가진 용사로 좋은 장소에 거하고 있었습니다. 이러한 헤브론 땅을 85세의 나이에 정복하기에는 현실적으로 불가능하게 보였습니다. 믿음이란 이처럼 우리가 할 수 없는 것을 하나님의 약속을 의지하여 바라보는 것입니다. 갈렙의 믿음은 그의 신념에서 나온 것이 아니라 하나님의 약속에 근거한 믿음이었습니다. 45년 전에 하나님께서 주신 약속을 결코 잊지 않았습니다. 하나님이 함께 하시면 능히 하지 못할 일이 없다고 확신하였습니다. 그는 12절에서 이렇게 고백합니다. "그 날에 여호와께서 말씀하신 이 산지를 지금 내게 주소서 당신도 그 날에 들으셨거니와 그 곳에는 아낙 사람이 있고 그 성읍들은 크고 견고할지라도 여호와께서 나와 함께 하시면 내가 여호와께서 말씀하신 대로 그들을 쫓아내리이다" 어떻게 이런 고백이 가능할 수가 있었겠습니까?

1. 갈렙은 하나님을 향해 개인적인 결단을 하였습니다

갈렙은 하나님을 나의 하나님으로 고백하고 믿고 따르겠다고 결단하였습니다. 8절에서 그는 이렇게 고백합니다. 갈렙은 하나님을 "우리의 하나님"이라고 고백한 것이 아니라 "나의 하나님"이라고 고백하였습니다. 본래 이 말은 모세가 자주 사용하였습니다. 본문 9절을 보면 "그 날에 모세가 맹세하여 이르되 네가 내 하나님 여호와께 충성하였은즉"라고 하였습니다. 그런데 모세의 후계자였던 갈렙도 하나님을 "나의 하나님"이라고 고백하였습니다.

신앙의 진보를 위해서 하나님 앞에 개인적인 결단이 필요합니다. 예수님은 제자들을 부르실 때 "나를 따르라"고 말씀하셨습니다. 이 명령에 따를지 안 따를지 분명한 결단을 해야 합니다. 무엇보다 하나님을 '나의 하나님' 이라고 고백하는 개인적인 결단이 있어야 합니다.

아들에게 전도를 받은 아버지가 있었습니다. 그 아버지는 아들의 전도로 예수님을 만나게 되었습니다. 아들은 너무 기뻐서, 아버지를 끌어안고 "하나님 아버지! 저의 육신의 아버지를 예수 믿게 하신 것을 감사합니다."라고 기도하였습니다. 이 아들의 기도를 듣고 아버지는 "하나님! 나의 형님이시여"라고 기도하였습니다. 아들이 깜짝 놀라서 왜 그렇게 기도하느냐고 아버지에게 질문했습니다. 그의 아버지는 "이 녀석아, 네가 하나님을 아버지라고 부르면 내게는 형님이 아니냐?" 라고 대답했습니다.

누구든지 하나님을 나의 하나님으로 고백하는 결단의 시간이 있어야 합니다. 하나님 앞에서 개인적인 결단을 할 때, 하나님은 그의 하나님이 아닌 나의 하나님이 되십니다.

> "만일 여호와를 섬기는 것이 너희에게 좋지 않게 보이거든 너희 조상들이 강 저쪽에서 섬기던 신들이든지 또는 너희가 거주하는 땅에 있는 아모리 족속의 신들이든지 너희가 섬길 자를 오늘 택하라 오직 나와 내 집은 여호와를 섬기겠노라 하니"(수 24:15)

2. 갈렙은 하나님의 약속의 말씀을 붙들었습니다

본문 9절은 "그 날에 모세가 맹세하여 이르되 네가 내 하나님 여호와께 충성하였은즉 네 발로 밟는 땅은 영원히 너와 네 자손의 기업이 되리라 하였나이다"라고 기록하고 있습니다. 이것은 45년 전의 하나님의 약속이었습니다. 그러나 갈렙은 지금도 하나님은 그때와 동일하시고, 약속도 동일하다고 믿었습니다. 당시의 사람들은 좀 더 편하게 축복과 평안만을 추구하는 안일에 빠져 적당하게 즐기면서 살려고 하였지만, 85세의 갈렙만은 하나님의 약속을 붙잡았습니다. 하나님의 약속은 곧 하나님의 뜻이기도 합니다. 그러므로 하나님의 뜻을 이루겠다는 것입니다.

갈렙은 하나님의 약속에 대한 분명한 확신이 있었습니다. "이제 보소서 여호와께서 이 말씀을 모세에게 이르신 때로부터 이스라엘이 광야에서 방황한 이 사십오 년 동안을 여호와께서 말씀하신 대로 나를 생존하게 하셨나이다 오늘 내가 팔십오 세로되"라고 하였습니다(10절). 그는 이 말씀을 붙들고 광야의 길을 걸어왔습니다. 또한 "그 땅에 사는 아낙 사람의 성읍들은 크고 견고할지라도 여호와께서 나와 함께 하시면 내가 여호와께서 말씀하신 대로 그들을 쫓아내리이다"라고 확신하였습니다(12절). 이처럼 갈렙은 하나님의 말씀을 붙들고 살았습니다. 그 결과 다른 사람들이 포기했던 헤브론을 정복하고 하나님의 약속을 성취하였습니다.

성경말씀은 언제나 하나님의 놀라운 약속들을 포함하고 있습니다. 아침마다 성경을 읽고 묵상할 때, 그 말씀이 내게 주신 하나님의 말씀으로 들려지고 그 말씀을 붙들어야 그 약속을 이룰 수 있습니다.

"시몬이 대답하여 이르되 선생님 우리들이 밤이 새도록 수고하였으되 잡은 것이 없지마는 말씀에 의지하여 내가 그물을 내리리이다 하고"(눅 5:5)

3. 갈렙은 하나님의 능력을 신뢰하였습니다

갈렙의 힘의 원천은 자기 신념이 아니라 하나님의 약속에 대한 확실한 믿음이었습니다. 갈렙은 자신을 믿은 믿음이 아니라, 하나님은 변함없으시고 살아계시며 지금도 동일하게 일하시는 분이라는 사실을 의심하지 않았습니다. 그는 85세의 나이였지만 "여호와께서 나와 함께 하시면" 할 수 있다고 믿었습니다. 45년 전에 가졌던 그 믿음이 조금도 변함없는 것은 하나님이 주신 믿음이었기 때문입니다. "하나님이 나와 함께 하신다면"라는 고백은 자신에 대한 신뢰가 아닌 하나님께 대한 신뢰였습니다. 자신을 돌아볼 때는 나이 들어 힘없는 노인이었습니다. 그러나 전능하신 하나님을 바라보고 신뢰하니 하나님의 강함이 갈렙의 강함이 되었습니다.

미국의 16대 대통령 링컨의 좌우명은 "하나님이 나와 함께 하시면" 이었습니다. 그는 언제나 시련과 역경 속에서도 웃음을 잃지 않는 낙관주의자였습니다. 그 이유를 묻자 "하나님이 내 편에 계시기 때문이오."라고 대답하였습니다. "그러면 어떻게 하나님이 당신 편에 계시게 할 수가 있었습니까?"라고 사람들이 다시 물으니 링컨은 "하나님이 내 편에 어떻게 계실 수가 있는가를 고민하지 말고 당신이 하나님 편에 서도록 하십시오."라고 대답합니다.

신앙의 사람 갈렙은 첫째, 하나님을 향한 개인적인 결단을 하였고, 둘째, 하나님의 약속의 말씀을 붙들었으며, 셋째, 하나님의 능력을 신뢰하였습니다. 그때 하나님께서 갈렙에 대해 "오직 내 종 갈렙은 그 마음이 그들과 달라서 나를 온전히 좇았은즉 그의 갔던 땅으로 내가 그를 인도하여 들이리니 그 자손이 그 땅을 차지하리라"라고 말씀했습니다(민 14:24). 갈렙처럼 약속을 이루는 삶을 살려면 하나님을 온전히 좇았다고 고백할 수 있어야 합니다.

"보라 하나님은 나의 구원이시라 내가 신뢰하고 두려움이 없으리니 주 여호와는 나의 힘이시며 나의 노래시며 나의 구원이심이라"(사 12:2)

말씀 실천하기

* 하나님을 나의 하나님으로 언제 결단하고 고백했습니까?
* 요즘 어떤 말씀을 듣고 있으며 하나님께 내게 주신 약속은 무엇입니까?

합심 기도하기

* 하나님을 나의 하나님으로 고백하며 담대하게 믿음으로 순종하는 삶을 살게 하소서.
* 갈렙처럼 하나님의 약속의 말씀을 믿고 하나님을 온전히 쫓아서 하나님의 약속을 이루는 삶을 살게 하소서.

이스라엘의 구원자 옷니엘

본문 말씀 삿 3:7~11

이룰 목표
- 순종은 온전한 믿음을 보여줄 뿐만 아니라 믿음의 열매도 맺게 함을 안다.
- 하나님의 일은 전심으로 성령님을 의존할 때 이뤄짐을 안다.

말씀 살피기
- 이스라엘 자손들의 죄는 무엇입니까?(7절)
- 죄에 대해 진노하신 하나님은 어떻게 징계하셨습니까?(8절)
- 하나님께서 사사 옷니엘을 세우신 이유는 무엇입니까?(9절)

소그룹예배 인도 순서

사도신경	다 같이
찬　송	347장(통 382)
기　도	회원 중
본문 말씀	삿 3:7~11
새길 말씀	삿 3:7~11
헌금 찬송	348장(통 388)
헌금 기도	회원 중
주기도문	다 같이

말씀 나누기

여호수아 사후의 이스라엘은 후계자가 없었기 때문에 정치적으로 볼 때 일종의 무정부 상태였습니다. 더욱이 그 백성들이 출애굽 역사를 알지 못하는 새로운 세대들로 바뀜에 따라 종교적으로는 신앙과 윤리가 붕괴될 위기에 처해 있었습니다. 즉 그들은 하나님을 멀리한 채 가나안 원주민과 통혼을 일삼고 우상을 숭배하는 등 세속문화에 젖어 안일과 쾌락만을 도모했습니다. 하나님은 결코 구경꾼이나 방관자가 아니십니다. 이러한 이스라엘을 방관하지 않으시고 징계하시기 위해 먼 나라 메소포타미아 왕 구산리사다임의 군대를 사용하셨습니다. 그들로

하여금 이스라엘을 침략하게 하시고 그리고 8년 동안이나 주권을 빼앗기고 노예처럼 살았습니다.

징계로 인해 이스라엘 백성들은 비로소 자신들의 죄악을 깨닫고 하나님께 나아와 회개하며 부르짖었습니다. 이 때 하나님은 그들을 위하여 한 구원자를 세워 구원하게 하시는데 그 구원자가 바로 사사입니다. 첫 번째 사사는 옷니엘이었습니다. 사사는 일종의 재판관이자 군사지도자요, 정치 지도자였습니다. 하나님이 사용하신 옷니엘은 어떤 사람인지 살펴보겠습니다.

1. 그는 믿음의 사람이었습니다

9절 말씀은 "이스라엘 자손이 여호와께 부르짖으매 여호와께서 그들을 위하여 한 구원자를 세워 구원하게 하시니 그는 곧 갈렙의 아우 그나스의 아들 옷니엘이라"고 기록하고 있습니다. 옷니엘은 구원자이며 갈렙의 아우 그나스의 아들이었습니다. 그리고 기럇세벨을 정복함으로 갈렙의 딸 악사와 결혼한 갈렙의 사위였습니다. 두 형제 옷니엘과 갈렙은 전쟁터에서 함께 싸웠고 고통을 함께 나누며 죽음의 고비도 함께 넘겼습니다.

옷니엘은 하나님의 약속을 믿고 믿음으로 순종하는 사람이었습니다. 가나안 전쟁은 하나님의 전쟁이었습니다. 그러므로 옷니엘은 하나님의 약속을 믿고 하나님이 함께 하심을 믿었습니다. 도탄에 빠져 신음하는 이스라엘 민족을 구원하기 위해 담대한 믿음으로 전쟁터에 나갔습니다. 그리고 적들을 물리치고 이스라엘 민족을 고통에서 구원했습니다.

"믿음이 없이는 하나님을 기쁘시게 하지 못하나니 하나님께 나아가는 자는 반드시 그가 계신 것과 또한 그가 자기를 찾는 자들에게 상 주시는 이심을 믿어야 할지니라"(히 11:6)

2. 그는 성령의 사람이었습니다

옷니엘은 믿음의 사람이었을 뿐 아니라 성령의 사람이었습니다. "여호와의 신이 그에게 임하셨으므로 그가 이스라엘 사사가 되어 나가서 싸울 때에 여호와께서 메소보다미아 왕 구산 리사다임을 그 손에 붙이시매 옷니엘의 손이 구산 리사다임을 이기니라"고 말씀합니다. 이 말씀의 중심은 "여호와의 신"이 그에게 임하였다는 사실입니다. 여호와의 신이란 바로 성령 하나님을 의미하는 구약적 언어입니다. 그가 하나님이 쓰시는 사사가 된 것은 성령이 임했기 때문입니다. 구산 리사다임과 싸워서 이길 수 있었던 것도 성령이 함께 하셨기 때문이었습니다.

사사기에는 사사들에게 성령이 임했다는 표현이 자주 등장합니다. 사사들 역시 완벽한 사람이 아님을 말씀합니다. 우리처럼 실수할 수 있고 연약해질 수 있고 자주 넘어질 수 있습니다. 즉 인간의 약점을 갖고 있는 사람들이었습니다. 그럼에도 불구하고 주께서 사사들을 쓰셨던 이유는 그들이 하나님을 온전히 믿고 순종하였기 때문입니다. 순종할 때 여호와의 신이 임했습니다. 이처럼 하나님을 믿었던 옷니엘에게 성령이 임재하심으로 전쟁에서 승리할 수 있도록 능력을 공급해 주셨던 것입니다. 옷니엘은 바로 이처럼 성령의 사람이었습니다.

> "여호와의 영이 그에게 임하셨으므로 그가 이스라엘의 사사가 되어 나가서 싸울 때에 여호와께서 메소보다미아 왕 구산 리사다임을 그의 손에 넘겨 주시매 옷니엘의 손이 구산 리사다임을 이기니라"(삿 3:10)

3. 그는 희생의 사람이었습니다

옷니엘이 하나님께 사사로 쓰임 받은 나이는 여든 살이었습니다. 여호수아가 죽었을 때 여호수아의 동역자였던 갈렙의 나이는 85세였습니다. 그때 옷니엘의 나이는 약 50세였습니다. 여호수아가 죽은 뒤 약

30년이 지나 옷니엘이 사사로 임명받았으므로 본문에 등장할 당시 그의 나이는 80세입니다. 대부분 사람들은 80세가 되면 그동안 고생한 삶을 보상하려는 듯 편한 삶을 추구합니다. 그러나 옷니엘은 달랐습니다. 옷니엘의 가문은 유대 남방 도시였던 헤브론에 정착해 살았습니다. 그곳에서 큰 농지를 소유하고 목축을 하며 유다지파의 지도자 자격으로 편안하고 즐거운 삶을 누리고 있었습니다. 그런데 이스라엘에 위기가 찾아왔을 때 옷니엘은 나라와 민족을 구원하기 위해 담대하게 일어섰습니다. 이것은 개인적으로 볼 때 큰 모험이고 희생이었습니다. 자신의 안락보다는 하나님의 일을 선택했습니다. 하나님의 일을 위해 기꺼이 자신을 희생했습니다. 그 결과가 그 땅에 40년 동안 평화가 유지될 수 있었습니다(11절).

"인자가 온 것은 섬김을 받으려 함이 아니라 도리어 섬기려 하고 자기 목숨을 많은 사람의 대속물로 주려 함이니라"(마 20:28)

말씀 실천하기

* 하나님의 말씀과 내 생각이 충돌할 때 무엇을 선택하겠습니까?
* 하나님의 일을 감당할 때 성령의 도우심을 어떻게 받고 있습니까?

합심 기도하기

* 무슨 일을 하든지 하나님의 뜻을 묻고 그 뜻대로 순종하게 하소서.
* 주의 일을 감당할 때 성령의 도우심을 구하며 하나님께 영광을 돌리는 삶을 살게 하소서.

믿음의 여사사 드보라

본문 말씀 삿 4:1~14

이룰 목표
- 죄를 지으면 고통이 따름을 안다.
- 고난당할 때, 구원은 하나님께 있음을 알고 부르짖는다.

말씀 살피기
- 이스라엘 백성이 고통당하는 이유가 어디에 있습니까?(1~3절)
- 고통당할 때 이들이 한 일은 무엇입니까?(3절)
- 하나님은 드보라에게 어떤 명령과 약속을 하셨습니까?(6~7절)

소그룹예배 인도 순서

사도신경	다 같이
찬 송	359장(통 401)
기 도	회원 중
본문 말씀	삿 4:1~14
새길 말씀	삿 4:5
헌금 찬송	383장(통 433)
헌금 기도	회원 중
주기도문	다 같이

말씀 나누기

이스라엘 백성들은 사사 에훗을 통해 모압의 압제로부터 자유를 얻은 후 80년 동안 평안했습니다(삿 3:30). "평안하다, 안전하다 할 그 때에 멸망이 갑자기 그들에게 이르리니 결코 피하지 못하리라"(살전 5:3)는 말씀처럼 평안할 때 조심해야 합니다. 이스라엘 백성들은 평안할 때 하나님을 잊은 채 여호와의 목전에 악을 행하며 우상을 숭배했습니다. 하나님은 범죄한 이스라엘을 이방인의 손에 파셨습니다(삿 4:2).

이방인의 지배를 받으며 극심한 고통 가운데 있을 때 비로소 이스라엘 백성들은 하나님을 떠났다는 사실을 기억하고 부르짖습니다. 이때 하나님은 말씀에 능통한 드보라를 사사로 세워 이스라엘을 구원하십니다. 하나님께서 드보라를 통해 고통에 빠진 이스라엘을 어떻게 구원하셨는지 살펴보고자 합니다.

1. 죄에는 고통이 따릅니다

에훗이 죽자 이스라엘 자손들은 "또 여호와의 목전에 악을 행하였다"(1절) 고 합니다. 하나님께 죄를 지음으로 메소포타미아의 압제를 받았던 이스라엘은 옷니엘을 통해 구원을 받아 40년을 평화롭게 지냈습니다(삿 3:7~11) 그러나 또 죄로 인해 모압에 18년 동안 고통 받습니다. 그때 에훗을 보내셔서 구원하시고 80년 동안 평안을 주셨습니다(삿 3:16~30).

계속적인 하나님의 긍휼하심에도 불구하고 그 은혜를 잊고 이번에도 하나님을 떠나는 죄를 지었습니다. 하나님은 악을 행한 이스라엘 백성들을 가나안 왕 야빈의 손에 파셨습니다(2절). 이로 인해 이스라엘 백성들은 야빈에게 20년 동안 극심한 학대를 당했습니다(3절). 그 당하는 고통이 심하여 이스라엘 백성들은 하나님 앞에 부르짖는 것 외에는 아무것도 할 수 없었습니다.

이스라엘 백성이 하나님의 백성으로 있을 때, 하나님은 어디를 가든지 함께 하시며 눈동자처럼 보호하셨습니다. 그러나 하나님의 백성임을 거부할 때 더 이상 하나님의 보호를 받을 수 없었습니다. 이처럼 하나님의 보호하심에서 벗어난 사람은 세상 권세 잡은 사탄의 지배를 받게 되고 그때부터 고통을 당하게 됩니다. 그러므로 하나님을 의지해야 됩니다. 온전히 말씀에 순종해야 됩니다. 이럴 때 하나님의 보호하심을 받을 수 있습니다.

"네가 만일 네 하나님 여호와의 말씀을 순종하지 아니하여 내가 오늘 네게 명령하는 그의 모든 명령과 규례를 지켜 행하지 아니하면 이 모든 저주가 네게 임하며 네게 이를 것이니" (신 28:15)

2. 우리의 구원은 하나님께 있습니다

이스라엘 자손들의 부르짖음을 들으신 하나님은 여사사 드보라를 세워 야빈의 군대장관을 치게 하셨습니다. 드보라는 당시 이스라엘의 장군이었던 아비노암의 아들 바락을 청하여 납달리 자손과 스불론 자손들 중 일만 명을 뽑아 가나안 왕과 전투하기를 명령 했습니다. 그런데 바락은 즉각적으로 순종하지 못하고 사사인 드보라가 함께 한다면 가겠다고 말합니다. 바락은 이렇게 머뭇거림으로 영광을 잃게 되지만 하나님은 이스라엘을 구원하실 계획을 그대로 진행하셨습니다(4:9). 바락이 1만 명의 군사를 이끌고 다볼산에 이르렀습니다. 이 소식을 들은 시스라는 철병거 900대와 모든 군사를 다 동원하여 넓은 평지인 기손강가에 왔습니다. 바락이 이끈 군대는 시스라의 군대를 보고 두려워할 수 있습니다. 그러나 드보라는 바락을 향해 "일어나라 이는 여호와께서 시스라를 네 손에 넘겨주신 날이라. 여호와께서 너에 앞서 나가시지 아니하시느냐"고 말을 합니다. 이 말을 들은 바락이 군사를 이끌고 시스라의 군대를 공격하자, 하나님께서 바락 앞에서 시스라의 군대를 칼로 혼란에 빠지게 하셨습니다. 바락은 혼란에 빠져 혼비백산하여 도망가는 시스라의 군대를 추격하여 섬멸합니다(4:12~16). 적장 시스라는 철병거를 버리고 도망쳤지만 야엘이라는 여인에 의해 죽임을 당합니다(4:17~22).

사람들은 아무 때나 부르짖지 않습니다. 위급할 때, 견디기 힘들 때, 절박할 때 전심을 다하여 부르짖습니다. 하나님은 부르짖음을 외면하지 않으십니다. 믿음으로 부르짖으면 하나님은 구원하십니다. 하나님은 도움을 구하는 자녀들을 기억하시고 그들보다 앞서 가셔서 도와주십니다.

"너는 내게 부르짖으라 내가 네게 응답하겠고 네가 알지 못하는 크고 은밀한 일을 네게 보이리라"(렘 33:3)

3. 드보라는 믿음으로 전쟁에 나갔습니다

드보라는 이스라엘 백성들을 재판할 정도로 하나님 말씀에 정통한 여인이었습니다(5절). 또한 하나님께서 모세에게 '내가 내 사자를 네 앞서 보내 가나안 족속들을 쫓아내겠다' 고 여러 번 말씀하시고 실제로 앞서 행하셨던 것(출 23:20, 23, 27, 33:2~3)처럼 항상 앞서서 행하시는 하나님을 믿었습니다(4:14).

드보라는 하나님이 어떤 분인가를 잘 알고 있었기에 이스라엘 군사와 비교가 안 될 정도의 수많은 병거와 군사들이 눈앞에 있지만 조금도 두려워하지 않고 공격명령을 내릴 수 있었습니다. 이는 눈앞에 보이는 상황보다는 하나님의 말씀을 더 신뢰하는 믿음이 있었기 때문입니다. 드보라는 전쟁터에 함께 가자는 바락의 부탁에 주저하지 않았습니다. 전쟁터에는 언제나 위험이 따르지만 하나님이 함께 하신다는 믿음으로 나갔습니다. 위험한 현장에 함께 함으로 백성을 사랑한다는 것을 행동으로 보였습니다. 몸을 사리지 않는 드보라의 헌신으로 이스라엘 백성들도 즐겁게 자발적으로 헌신하였고(4:14, 5:2, 9), 목숨을 아끼지 않고 충성하였습니다(5:18).

바락이 드보라와 "함께 가지 아니하면 나도 가지 아니하겠노라" 할 정도로 바락을 비롯한 이스라엘 백성들은 드보라를 의지했고, 이스라엘의 어머니라 칭할 정도로 존경받는 여인이었습니다(5:7). 드보라는 전쟁에서 승리했지만 승리의 영광을 온전히 하나님께 돌렸습니다(삿 5:1~31). 찬양의 마지막에는 "여호와여 주의 원수들은 다 이와 같이 망하게 하시고 주를 사랑하는 자들은 해가 힘 있게 돋음 같게 하소서"(5:31)하고 하나님의 심판을 노래합니다. 하나님은 지금도 드보라와 같은 믿음의 사람을 찾고 계십니다.

"여호와의 눈은 온 땅을 두루 감찰하사 전심으로 자기에게 향하는 자들을 위하여 능력을 베푸시나니"(대하 16:9)

말씀 실천하기

* 죄로 인해 고난 받은 경험이 있습니까?
* 고난당할 때 어떻게 해야 합니까?

합심 기도하기

* 고난당하기 전에 말씀에 순종하는 삶을 살게 하소서.
* 드보라와 같이 믿음으로 나라를 위기에서 건지는 지도자가 되게 하소서.

준비된 입다, 사사가 되다

본문 말씀 삿 11:1~11

이룰 목표
- 하나님은 출신이나 배경이 아닌 중심을 보시는 주님이심을 안다.
- 환경을 탓하지 말고 준비하는 삶을 산다.

말씀 살피기
- 입다는 왜 쫓겨났습니까?(1~2절)
- 길르앗 장로들은 왜 입다에게 왔습니까?(4~6절)
- 입다는 장로들의 제안에 어떻게 반응했습니까?(7~9절)

소그룹예배 인도 순서

사도신경	다 같이
찬　　송	304장(통 404)
기　　도	회원 중
본문 말씀	삿 11:1~11
새길 말씀	삿 11:6
헌금 찬송	414장(통 475)
헌금 기도	회원 중
주기도문	다 같이

말씀 나누기

서울대 정병설 교수는 '나는 기생이다'(2007년)라는 책에서, 1990년 초 가난하던 시절 기생으로 삶을 이어가는 여성들이 많았는데, 그 당시 "파리보다 기생이 셋 더 많다"는 속담이 있을 정도였답니다. 이들은 아들이 없는 가정에 아들을 낳아주고도 그 집에 들어가 살지 못했다고 합니다. 이런 여인이 낳은 자식들이 어떻게 대접을 받았을까 짐작이 갑니다. 입다가 그런 처지의 사람이었습니다. 이런 처지의 사람들은 자기의 처지를 비관하여 어긋난 길로 가는 사람이 많았습니다. 그러나 입다는 기생의 아들이라는 신분을 한탄하지 않았습니다. 도리어 자신을 갈고 다듬어 마침내 이스라엘의 사사로 부름 받았습니다. 그것도 그를 쫓아내 버린 사람들의 지도자가 되었습니다. 어떻게 입다가 하나님께 쓰임 받았는가를 살펴보고자 합니다.

1. 내쫓은 입다를 지도자로 청빙했습니다

사사 야일에 의해 22년 동안 평안하던 이스라엘은 야일이 죽자 바알과 아스다롯을 비롯한 온갖 이방신들을 섬기기 시작했습니다. 하나님은 암몬 자손의 신들과 블레셋 사람의 신들을 섬기는 이스라엘을 블레셋과 암몬의 손에 파셨습니다(10:6~7). 이들은 요단 동쪽에 있는 이스라엘 자손을 18년 동안이나 억압했습니다(10:8). 또한 이스라엘 서쪽을 공격하여 이스라엘을 곤경에 빠뜨렸습니다(10:9). 고통을 당하자 이스라엘 백성들은 우상들을 버리고 여호와를 섬기며 부르짖었습니다. 하나님은 거듭되는 부르짖음을 들으시고 마음이 몹시 아프셨습니다(10:16).

그 때에 암몬 자손이 집결하여 길르앗에 진을 치니, 이스라엘 자손도 모여서 미스바에 진을 쳤습니다. 그러나 암몬 자손을 물리칠만한 능력이 없었습니다. 이스라엘 장로들은 지도자가 될 사람을 찾다가 입다가 생각났습니다. 장로들이 직접 입다를 찾아가 우리의 장관이 되어 달라고 청합니다(5절). 입다가 “쫓아낼 때는 언제고 환난을 당하니 이제 와서 나를 오라 하느냐?”며 질책을 하자 암몬 자손과의 전쟁이 끝난 후 “주민의 머리가 되리라” 즉 통치자가 되게 하겠다고 제안을 합니다. 입다는 장로들의 제안을 개인의 감정에 따른 결정이 아닌 하나님의 뜻을 물은 후 받아들였습니다.

하나님은 사람을 공평하게 지으셨으나 사람들은 그의 출신성분이나 가문, 학교나 학벌, 지위나 빈부에 따라 사람을 차별합니다. 사람을 외적인 조건으로 판단하지 말고 하나님의 마음으로 바라보고 대해야 합니다. 또한 입다가 감정에 치우치지 않고 하나님의 뜻을 묻고 결정했던 것처럼 자신의 감정보다 하나님의 뜻을 묻고 순종해야 합니다.

"여호와께서 사무엘에게 이르시되 그의 용모와 키를 보지 말라 내가 이미 그를 버렸노라 내가 보는 것은 사람과 같지 아니하니 사람은 외모를 보거니와 나 여호와는 중심을 보느니라 하시더라"(삼상 16:7)

2. 입다는 환경이 열악했으나 기도했습니다

입다가 기생의 아들이라는 것은 그의 출생이 몇 사람 이외에는 환영받지 못하는 관계를 통해 태어났음을 말해줍니다. 입다의 어머니의 이름이 기록되지 않은 것은 그의 어머니가 그 집에서 함께 살지 않았고, 입다는 형제들 간에 멸시와 천대 속에 살았음을 암시하고 있습니다. 떳떳하지 못한 관계를 통해 태어났지만 아버지가 입다를 사랑했다면 저에게도 유산을 상속해 줄 것이 분명합니다. 이런 이유로 다른 형제들이 유산상속의 문제를 들어 그를 내쫓게 되었습니다(2절). 아버지가 입다를 사랑했다 해도 부적절한 관계를 통해 태어난 아들을 옹호할 수 없었을 것입니다.

입다를 내쫓을 때, 이스라엘 장로들이 동조하거나 묵인했던 것으로 보입니다(7절). 입다는 형제들 뿐 아니라 이스라엘 지도자들에게도 외면당했습니다. 그는 이스라엘 땅에 발붙일 수 없어 이스라엘의 북쪽 변방 아람의 도시였던 돕 땅으로 피신했습니다. 입다는 큰 용사였지만 그의 재능이나 용맹을 펼칠 수 없는 상황이었습니다. 그러나 입다는 출생을 한탄하기보다는 오히려 자신과 비슷한 처지의 사람들을 품었습니다(3절). 입다는 기도하며 하나님의 뜻을 분별하며 살고자 하는 사람이었습니다. 그렇기에 환경이 그를 굴복시키지 못했고, 환경과 감정에 따라 사는 삶이 아닌 기도하는 삶을 살았습니다(11:9, 11).

"박해를 받아도 버린 바 되지 아니하며 거꾸러뜨림을 당하여도 망하지 아니하고" (고후 4:9)

3 . 입다가 사사로 세움 받았습니다

입다가 사사로 선택받은 이유는 첫째, 큰 용사였습니다(1절). '큰 용사' 라는 말은 전쟁의 명수라는 뜻으로 타의 추종을 불허하는 용장이라는 의미입니다. 둘째, 그는 자기를 멸시하고 내쫓았던 사람들에게 원수를 갚으려하기보다 용서하고 하나님의 뜻을 따르려 했습니다(9절). 셋째, 이스라엘 역사를 상세히 알고 있었습니다(12~26절). 암몬 왕이 사자를 통해 땅을 내놓으라고 했을 때, 입다는 이스라엘의 역사를 명확히 설명하면서 암몬 왕의 요구에 지혜롭게 대처했습니다. 넷째, 하나님 중심의 역사관을 가지고 있었습니다(21~27절). 시혼 왕을 몰아내고 아모리 족속의 땅을 점령한 것은 하나님이 이스라엘의 손에 주셨기 때문이며, 만약 하나님이 주시지 않았다면 어느 누구도 차지할 수 없다고 말하면서 이스라엘 자손과 암몬 사이도 하나님이 판결하실 것이라고 말했습니다.

입다가 자란 환경은 열악하여 행실이나 성품이 나쁜 사람으로 자라기 쉬운 환경이었습니다. 그러나 그는 인격이나 신앙 그리고 실력에서도 성숙한 사람이었습니다. 이와 같은 것들은 하루아침에 다듬어지지 않습니다. 멸시와 천대를 받고 쫓겨난 열악한 환경이나 처지를 탓하지 않고 말씀에 순종하며, 기도를 통해 하나님의 뜻을 알아가고 그 뜻에 합당한 삶을 살고자 한 결과입니다. 혈통으로는 기생의 아들이었지만 하나님의 주권에 대한 확고한 믿음을 가진 입다를 하나님은 이스라엘의 사사로 세우셨습니다.

"주인이 이르되 잘하였다 착한 종이여 네가 지극히 작은 것에 충성하였

으니 열 고을 권세를 차지하라 하고"(눅 19:17)

말씀 실천하기

* 이웃을 볼 때 하나님의 눈으로 봅니까?
* 문제를 만나면 문제 뒤에 계신 주님의 손길을 바라봅니까?

합심 기도하기

* 환경을 탓하지 말고 하나님을 바라보게 하소서.
* 입다와 같이 영·육간에 준비된 사람이 되게 하소서.

20 실패를 극복한 삼손

본문 말씀 삿 16:16~31

이룰 목표
- 연약함을 인정하고 언제나 하나님의 은혜를 사모하는 성도가 된다.
- 내게 주신 강점을 이용하여 하나님이 주신 사명에 충성을 다하는 성도가 된다.

말씀 살피기
- 삼손과 함께 하셨던 여호와께서 왜 삼손을 떠나셨습니까?(18~20절)
- 하나님께서 삼손을 떠나시자 삼손은 어떻게 되었습니까?(21절)
- 삼손이 마지막으로 하나님께 기도하고 응답받은 일은 무엇입니까?(26~30절)

소그룹예배 인도 순서

사도신경	다 같이
찬 송	331장(통 375)
기 도	회원 중
본문 말씀	삿 16:16~31
새길 말씀	삿 16:20
헌금 찬송	268장(통 202)
헌금 기도	회원 중
주기도문	다 같이

말씀 나누기

실패를 원하는 사람은 아무도 없습니다. 그럼에도 불구하고 실패를 경험하지 않은 사람도 없습니다. 실패는 우리 인생에서 가장 보편적인 경험이라고 말할 수 있습니다. 성공한 사람이란 결코 한 번도 실패하지 않은 사람을 뜻하지는 않습니다. 성공은 실패를 극복할 줄 아는 사람이 얻습니다. 성공은 실패를 올바른 태도로 받아들일 줄 아는 사람들에게 찾아오는 삶의 명예입니다.

발명왕 에디슨이 건전지를 만들기 위해 무려 오만 번이나 실패했다는 일화가 있습니다. 실패만을 거듭할 때 에디슨의 한 친구가 찾아와서 이렇게 말했습니다. "여보게,

짜증나지 않는가? 이제 그만 포기하게" 이때 에디슨은 "짜증이라니? 나는 지금까지 이렇게 하면 성공할 수 없다는 그 많은 방법들을 찾아내는 데 성공한 걸세"라고 대꾸했습니다.

본문은 성경의 인물 가운데 거의 전설적이라고 할 수 있는 영웅 삼손의 실패와 성공을 가장 극적으로 보여 준 예라고 말할 수 있습니다. 힘의 상징처럼 보였던 삼손이 블레셋에 붙잡혀서 두 눈이 뽑힌 채로 감옥에서 맷돌질을 하고 있었습니다. 복수심과 호기심으로 들뜬 군중들 앞에서 어릿광대처럼 재주를 부려야 하는 비참한 신세로 전락하고 말았습니다. 당당했던 삼손의 모습은 보이지 않고 실패한 지금의 모습을 가져오게 한 원인이 무엇인지 말씀 안에서 찾아보겠습니다. 그리고 실패를 어떻게 극복했는지 살펴보겠습니다.

1. 그는 정욕의 지배를 받았습니다

삼손의 약점은 이성에 약하다는 것입니다. 삼손은 하나님께 큰 힘을 받았으나 그 힘을 다스릴 줄은 몰랐습니다. 삼손은 청년기 때부터 이 약점을 드러냈습니다. 정욕을 억제하지 못한 삼손은 하나님을 알지 못하는 블레셋 여자를 좋아했습니다. 그는 나실인으로 구별된 자였습니다. 나실인으로서 어떤 여자를 아내로 삼아야 하나님이 좋아 하실지 전혀 신경 쓰지 않았습니다. 하나님이 원하시는 바를 마음에 두지 않았던 삼손은 말씀에 순종하지 않고 감정에 따라 행동했습니다. 이러한 모습이 삼손의 최대 약점이었습니다. 삼손의 이런 모습은 결국 인생의 실패를 가져왔습니다. 16장 1절은 "삼손이 가사에 가서 거기서 한 기생을 보고 그에게로 들어갔더니" 라고 기록하고 있습니다. 영어성경은 삼손이 한 기생을 보고 그에게로 들어가서 잤다고 기록되어 있습니다. 그런데 전후 문맥을 살펴보더라도 삼손이 주저하는 흔적을 찾아볼 수 없습니다. 옳고 그름에 대한 진지한 고민을 하지 않고 본능대로 행동하였습니다. 하나님의 뜻이 무엇인가를 생각하지 않고 마음을 빼앗겼다는 것입니다. 지혜서인 잠언은 삼손의 실패는 자기 마음을 다스리지 못한 데 있다고 말씀합니다. 즉 약점을 통제하지 못한 데서 온 비극이었습니다.

"무릇 지킬 만한 것보다 더욱 네 마음을 지키라"(잠 4:23)

2. 그의 신앙은 빈껍데기였습니다

삼손은 신앙의 형식만 유지했을 뿐 신앙의 내용을 갖추지 못했습니다. 삼손은 하나님 앞에 일생을 바친 나실인으로서 성결한 삶을 살아야 했습니다. 그는 포도주와 독주를 마시거나 부정한 것을 먹어서는 안 되었습니다. 또한 머리에 삭도를 대지 않고 하나님께 헌신한 상징을 유지하고 있어야 했습니다(13:4,5). 하나님께 구별된 상징으로 머리에 삭도를 대지 말라는 약속은 지켰습니다. 삼손의 겉모습은 하나님께 헌신한 사람처럼 머리를 길게 늘어트렸지만 실제의 삶은 타락한 블레셋의 문화를 그대로 따랐습니다. 술을 마시고 부모의 가르침을 거역하고 정욕의 지배를 받는 삶을 살았습니다. 결국 삼손은 블레셋 여인 들릴라를 사랑하다가 나실인의 상징이었던 긴 머리카락을 잘립니다. 그리고 하나님께 버림을 받습니다. 그러나 그것조차 깨닫지 못하였습니다. 자신의 영적인 상태를 몰랐기 때문에 삼손의 인생이 비극으로 끝났습니다. 그야말로 그의 신앙은 빈껍데기였습니다.

"경건의 모양은 있으나 경건의 능력은 부인하니 이같은 자들에게서 네가 돌아서라"(딤후 3:5)

3. 그는 하나님 앞에 기도했습니다

삼손은 생애를 마감하는 무렵에 자신의 잘못을 깨달았습니다. 그는 하나님 앞에 기도했습니다. 삼손을 일깨웠던 원동력은 기도였습니다. 삼손의 마지막 기도인 28절 말씀은 "삼손이 여호와께 부르짖어 가로되 주 여호와여 구하옵나니 나를 생각하옵소서. 하나님이여 구하옵나니 이번만 나로 강하게 하사 블레셋 사람이 나의 두 눈을 뺀 원수를 단번에 갚게 하옵소서"라고 기록하고 있습니다.

삼손은 하나님 앞에 헌신된 나실인이면서도 기도하지 않았습니다. 그러나 두 눈이 빠져 앞을 볼 수가 없었고, 머리카락이 잘려 힘도 없는 무기력한 상황에서 바라볼 수 있는 곳은 하나님뿐이었습니다. 삼손은 자신의 연약함을 깨닫는 순간 비로소 여호와께 부르짖어 기도했습니다.

세상적인 명예와 영광을 얻고 정욕에 사로잡혀 살 때는 기도를 잊고 살았지만 그 모든 것을 다 잃고 처참한 상황에 놓이게 되자 기도했습니다. 하나님의 용서를 구하고 자신의 죄를 회개했습니다. 결국 삼손은 기도를 회복함으로 인생을 영광스럽게 마감할 수 있었습니다. 블레셋사람들이 술에 흠뻑 취해 삼손을 비웃으며 하나님을 모욕할 그 때에 삼손은 신전의 기둥을 무너뜨림으로 3,000여명의 블레셋 사람들과 함께 장렬하게 죽음을 맞이했습니다. 이처럼 삼손의 기도는 잃어버렸던 신앙을 회복하게 하고 하나님의 뜻을 이루는 통로가 되었습니다.

"내가 환난 중에서 여호와께 아뢰며 나의 하나님께 부르짖었더니 그가 그의 성전에서 내 소리를 들으심이여 그의 앞에서 나의 부르짖음이 그의 귀에 들렸도다"(시 18:6)

말씀 실천하기

* 매번 넘어지고 실패하는 나의 약점은 무엇입니까?
* 내 영이 살아 있다는 것을 어떻게 증명할 수 있습니까?

합심 기도하기

* 육신의 정욕을 이기고 하나님의 뜻을 따라 순종하는 삶을 살게 하소서.
* 항상 우리의 귀를 열어주셔서 주의 말씀을 깨닫고 그 말씀대로 사는 삶이 되게 하옵소서.

선택의 기로에 선 나오미의 가족들

본문 말씀 룻 1:6~14

이룰 목표
- 하나님의 사람은 언제나 올바른 선택을 한다.
- 어떠한 상황 속에서도 하나님을 선택하는 믿음의 사람이 된다.

말씀 살피기
- 나오미는 왜 모압 지방에서 돌아오려고 했습니까?(6절)
- 나오미는 며느리들에게 자기 마음이 더욱 아프다고 한 이유는 무엇입니까?(13절)
- 오르바와 룻의 차이는 무엇입니까?(14절)

소그룹예배 인도 순서

사도신경	다 같이
찬 송	325장(통 359)
기 도	회원 중
본문 말씀	룻 1:6~14
새길 말씀	룻 1:14
헌금 찬송	324장(통 360)
헌금 기도	회원 중
주기도문	다 같이

말씀 나누기

하루에도 몇 번씩 선택의 기로에 서게 됩니다. 그런데 어떻습니까? 그렇게 선택의 기로에 설 때마다 언제나 바른 선택, 현명한 선택을 했습니까? 늘 최선의 선택을 한다고 하지만, 결과적으로 보았을 때 그렇지 못할 때가 참 많이 있습니다. 때로는 그 선택이 치명적인 아픔으로 남게 되는 경우도 종종 있습니다. 일생을 살아가면서 가장 중요한 세 가지 선택이 있다면, 첫째는 배우자에 대한 선택이고, 둘째는 직업에 대한 선택이고, 셋째는 신앙에 대한 선택일 것입니다.

베들레헴에 사는 나오미의 가정은 흉년을 만나 모압 땅으로 도피했다가 거기서 가장과 두 아들이 죽었습니다. 이제 남은 사람이라고는 나오미와 두 며느리였습니다. 그런데 어느 날 "여호와께서 자기 백성을 돌보시사 그들에게 양식을 주셨다" 는 소식을 듣게 되어 나오미는 고향으로 돌아가기로 결정을 합니다. 나오미와 그의 두 며느리인 오르바와 룻은 각기 중대한 선택의 결정 앞에 직면합니다. 그들의 선택을 통해 "삶을 살면서 부딪치는 다양한 상황과 사건 속에서 그리스도인이라면 어떻게 선택해야 하는가?" 라는 중대한 물음에 대답을 얻을 수 있을 것입니다.

1. 나오미는 인정을 선택하였습니다

나오미는 자신보다 두 며느리를 먼저 생각하는 선택을 했습니다. 그의 두 아들은 다 죽었습니다. 그래서 자신처럼 과부가 된 두 며느리를 고향 유다로 데리고 갈 것인지, 아니면 그냥 그들의 고향인 이 모압 땅에 머물 게 할 것인지 결정해야 했습니다. 나오미는 두 며느리에게 그냥 그들의 고향에 머물라고 했습니다. 이것이 잘한 선택인지 잘못한 선택인지를 평가하기 전에 나오미는 인정 많은 시어머니라고 말 할 수 있습니다. 그 당시 여인들은 돈을 주고 사 올 정도로 노동력을 의미하였습니다. 지금 나오미에게는 자녀가 하나도 없습니다. 그에게는 며느리 둘이 노동력이요, 재산이었습니다. 그러므로 며느리 둘을 데리고 있으면 여러 가지로 노후가 보장될 것입니다. 그러나 나오미는 자신의 필요보다도 며느리들을 딸처럼 생각하고 며느리의 미래를 생각해서 고향으로 돌아가서 새로운 인생을 살라고 권면합니다.

나오미의 선택은 인간적으로는 아주 잘한 선택이라고 할 수 있습니다. 그러나 신앙적으로는 잘못된 선택입니다. 왜냐하면 이것은 단순히 고향 땅에 머물고 떠나는 문제가 아니었습니다. 신앙과 결부된 문제였습니다. 며느리들이 나오미를 떠나서 모압 땅에 머문다면 여호와 신앙을 버리고 그들의 옛 신앙인 우상숭배를 하는 결과를 초래하기 때문입니다.

“나오미가 또 가로되 보라 네 동서는 그 백성과 그 신에게로 돌아가나니 너도 동서를 따라 돌아가라”(15절). 나오미가 며느리들의 육신의 행복을 생각한 것은 잘한 일입니다. 그러나 그 육신의 행복보다 훨씬 중요한 영혼의 행복을 간과한 생각이었습니다. 인간적으로는 올바른 선택 같으나 영적으로 보면 지혜롭지 못한 선택이었습니다. 육신적으로 잘 살고 출세하는 것도 중요합니다. 그러나 “살아계신 하나님 앞에 내 자녀와 내 사랑하는 사람이 어떤 인격이 되며, 어떤 사람이 될 것인가?”라는 문제는 중요합니다. 이에 대한 관심과 가치를 망각한다면 우리는 잘못된 선택을 하고 있는 것입니다.

> “육신의 생각은 사망이요 영의 생각은 생명과 평안이니라 육신의 생각은 하나님과 원수가 되나니 이는 하나님의 법에 굴복하지 아니할 뿐 아니라 할 수도 없음이라”(롬 8:6~7)

2. 오르바는 세상을 선택했습니다

오르바는 시어머니를 따라 베들레헴으로 가다가, 중간에 시어머니가 자꾸 돌아가라고 권면하니까 그 권고를 받아들여 자기 고향으로 돌아가는 선택을 했습니다. 오르바의 선택은 하나님께 가까이 나아오다가 결국은 다시 우상에게로 돌아가는 사람들의 경우라고 생각할 수 있습니다. 어떤 동기로 교회에 출석하고 신앙에 대한 관심도 갖다가, 중간에 어려운 일이 생겨 포기하고 전혀 믿지 않았던 상태로 돌아가는 사람들이 많습니다. 그것은 예수님보다 다른 것에 대한 관심이 더 많기 때문일 것입니다. 그런 사람은 마치 데마와 같은 사람입니다(딤후 4:10). 주님보다 세상을 더 사랑하게 될 때, 믿음의 길에서 떠나 세상을 선택합니다. 세상은 눈에 좋게 보입니다. 그러므로 영적인 세계에 대한 눈이 열려 있지 않으면 대부분의 사람들은 그 유혹에서 벗어 날 수 없으며 시험에 들게 됩니다.

오르바의 입장에서 보면 시어머니를 따라가는 것은 일생을 종처럼 사는 것으로 미래에 대한 희망이 보이지 않았습니다. 지금까지 많은 시련을 겪은 오르바는 더 이상 나오미를 선택할 이유가 없었습니다. 더군다나 시어머니가 가라고 하는 데 안갈 이유가 없었습니다. 그러나 시어머니를 떠나는 것은 영적으로 보면 하나님을 떠나는 것입니다(15절). 진리는 타협하거나 뒤로 물러갈 수 없습니다. 참된 신앙은 끝까지 견디는 신앙입니다. 참된 신앙은 변함없이 끝까지 따라가는 것입니다. 어리석은 자는 환난이나 고난을 만날 때 오르바처럼 세상적인 선택을 합니다.

> "데마는 이 세상을 사랑하여 나를 버리고 데살로니가로 갔고 그레스게는 갈라디아로, 디도는 달마디아로 갔고"(딤후 4:10)

3. 룻은 하나님을 선택했습니다

룻은 비록 이방여인이었지만 신앙적인 선택을 하였습니다. 시어머니 나오미를 따라가면 다시 재가할 희망도 사라지고 더군다나 이방 여인이라 유대에 가면 어떤 멸시를 받을지도 모르는 상황이었기에 인간적으로 보면 미래가 보이지 않는 어리석은 선택입니다. 그러나 룻은 다 버린다 할지라도 하나님을 선택하겠다는 것입니다. 고향과 부모형제를 버린다 할지라도 하나님을 버릴 수 없다는 것입니다. 오늘날 우리 사회를 지배하는 사상은 소위 '실용주의적 사상' 입니다. 실용주의의 핵심은 "이것이 나에게 유익한가? 이것이 나에게 편리한가?" 라는 관점으로 모든 것을 바라보고 결정합니다. 실용주의는 일에 대한 도덕적 정당성을 묻지 않습니다. 하나님 앞에 부끄러운 선택인지 올바른 선택인지 점검하지 않습니다. 단지 "이것이 나에게 얼마나 유익한가?"에 관심이 있습니다. 그러나 우리가 취해야 할 선택의 기준은 바로 "하나님이 이 일을 기뻐하실까? 이것이 신앙의 선택인가?" 라는 것입니다. 룻은 바로 이러한 신앙적인 선택을 했습니다.

시어머니를 선택했다는 것은 하나님을 선택한 것입니다. "어머니의 백성이 나의 백성이 되고 어머니의 하나님이 나의 하나님이 되시리니" (16절)라고 합니다. 14절에서 룻은 그 어머니를 "붙좇았더라"라고 하였습니다. 이 단어는 '전인적인 붙듦'의 뜻을 가지고 있습니다. 마음을 다하고 뜻을 다하고 힘을 다하여 전심으로 붙들었다는 의미입니다. 또한 '의지적인 결단'을 의미합니다. 한번 붙들면 절대로 놓지 않겠다는 의지적인 선택입니다.

인생의 길에서 선택을 해야 할 때 편리를 따라 선택할 수도 있고, 하나님의 말씀을 따라 선택할 수도 있습니다. 선택의 갈림길에 있을 때, 육신의 소욕을 좇아가는 세속적인 선택이 아닌, 성령을 좇아 하나님을 기쁘시게 하는 선택을 해야 합니다. 그 선택이 고난과 희생을 요구하더라도 "나는 내 일생을 걸고 하나님을 선택합니다." 하고 고백하며 그 길을 걸어가야 합니다.

> "만일 여호와를 섬기는 것이 너희에게 좋지 않게 보이거든 너희 조상들이 강 저쪽에서 섬기던 신들이든지 또는 너희가 거주하는 땅에 있는 아모리 족속의 신들이든지 너희가 섬길 자를 오늘 택하라 오직 나와 내 집은 여호와를 섬기겠노라 하니"(수 24:15)

말씀 실천하기

* 나오미처럼 인정을 선택합니까? 오르바처럼 당장 유익을 선택합니까? 아니면 룻처럼 하나님을 선택합니까?
* 어떤 것을 선택할 때 무엇이 선택의 기준입니까? 유익입니까? 하나님 말씀입니까?

합심 기도하기

* 언제나 선택의 기로에서 하나님을 선택하게 해주시고 끝까지 포기하지 않고 그 길을 가게 하소서.
* 당장의 유익보다 하나님의 뜻을 선택하게 해주시고 육신의 소욕보다 성령을 좇아 선택하게 하소서.

하나님께 집중한 사무엘

본문 말씀 삼상 7:1~14

이룰 목표
- 법궤가 있어도 순종하지 않으면 고난이 찾아옴을 안다.
- 진정한 회개만이 승리의 비결임을 안다.

말씀 살피기
- 이스라엘은 무엇이 공존했습니까?(1~3절)
- 하나님을 온전히 섬기려면 무엇이 선행되어야 합니까?(3절)
- 이스라엘 백성들이 회개하고 부르짖으니 어떤 일이 일어났습니까?(7~14절)

소그룹예배 인도 순서

사도신경	다 같이
찬　　송	204장(통 379)
기　　도	회원 중
본문 말씀	삼상 7:1~14
새길 말씀	삼상 7:3
헌금 찬송	200장(통 235)
헌금 기도	회원 중
주기도문	다 같이

말씀 나누기

블레셋과의 전쟁에서 패한 이스라엘 사람들은 언약궤가 있으면 승리할 것으로 여겨 언약궤를 가지고 나갔다가 크게 패하고 언약궤를 빼앗겼습니다(삼상 4:10~11). 블레셋 사람들이 언약궤를 빼앗아 의기양양했지만 그때부터 블레셋에는 재앙의 연속이었습니다. 이들은 도저히 언약궤를 자기들이 가지고 있어서는 안 되겠다고 판단하고 언약궤를 이스라엘로 돌려보냅니다. 언약궤는 돌아왔지만 블레셋의 압제는 멈추지 않았습니다. 이스라엘 백성들은 여전히 우상을 섬기고 있었기 때문입니다. 사무엘은 진정으로 하나님의 은혜를 입기 원한다면 우상을 버리고 하나님만 섬기라고 권합니다. 이스라엘 백성들은 이 말에 순종하여 우상을 버리고 하나님께 금식하며 기도할 때 하나님이 그들을 블레셋의 손에서 구원하셨습니다. 말씀을 통해 이스라엘 백성들이 어떻게 위기에서 벗어났는지 살펴보고자 합니다.

1. 법궤는 있으나 순종하지 않았습니다

이스라엘의 범죄는 엘리 제사장의 아들들의 죄를 보면 알 수 있습니다. 이들은 사람에게만 죄를 지은 것이 아니라 하나님을 무시하고 하나님께 드려진 제물을 함부로 대했습니다. 그들의 죄가 얼마나 심각한지 제물이나 예물로도 영원히 속죄함을 받지 못한다고 선포하셨습니다(3:14). 하나님은 블레셋을 보내 공격하게 하셨고, 1차 전투에서 사천여 명이 죽고, 2차 전투에서는 법궤를 가지고 나가면 승리할 것으로 여겼지만 오히려 3만여 명이 죽고 법궤까지 빼앗겼습니다(삼상 4:1~11).

블레셋 사람들이 법궤를 옮기는 곳마다 재앙이 임함으로 그들이 두려워 법궤를 이스라엘로 돌려보냅니다(5, 6장). 법궤가 아비나답의 집에 있는 20년 동안 블레셋의 특별한 공격은 없었지만 블레셋의 압제는 여전했습니다. 그때 이스라엘 백성들은 하나님께 부르짖어 기도했습니다. "이스라엘 온 족속이 여호와를 사모하니라"(2절)는 말은 '이스라엘의 온 집이 애통하며 하나님을 찾았다'는 의미입니다.

빼앗긴 법궤가 돌아왔지만 이들의 고통이 계속되었습니다. 고통이 계속된 이유는 법궤는 모셨지만 법궤 안에 있는 말씀대로 살지 않았기 때문입니다. 이들은 입으로는 하나님을 사랑한다 하지만 여전히 우상을 섬기고 있었습니다(3절).

법궤가 있으니 전쟁에서 승리하거나 법궤가 있다고 복을 받는 것이 아닙니다. 법궤가 블레셋에 있는 동안 놀라운 일들이 일어나고 법궤를 보다가 죽는 일이 일어나기도 했지만 이는 법궤 자체의 능력이 아니라 하나님의 능력입니다. 법궤가 있다고 복을 받는 것이 아니라 그 안에 있는 말씀에 순종할 때 복을 받습니다.

> "이 예언의 말씀을 읽는 자와 듣는 자와 그 가운데에 기록한 것을 지키는 자는 복이 있나니 때가 가까움이라"(계 1:3)

2. 우상을 버리고 하나님께 집중했습니다

사무엘은 이스라엘 백성들의 고통의 원인이 이들의 이중생활에 있다는 사실을 알았습니다. 사무엘은 이스라엘 백성들에게 "진심으로 하나님께 돌아올 마음이 있다면 고통 가운데서 건져달라고 부르짖지만 말고, 지금 너희 중에 있는 이방 신들을 버리고 오직 그 마음을 하나님께로 향하여 하나님만 섬기라 그러면 하나님께서 너희를 블레셋의 손에서 건져내실 것"이라고 말했습니다. 전쟁에서 이기려면 정예부대를 훈련시켜 전투력을 강화시켜야 되는 것이 아니라 우상을 제거하고 오직 하나님께 집중해야 한다고 말했습니다. 이 말을 들은 이스라엘 백성들은 자신들에게 있는 바알과 아스다롯을 비롯한 모든 우상들을 제거했습니다. 우상을 제거하고 이스라엘 백성들은 사무엘의 지시대로 미스바에 모여 금식하고 회개하며 하나님께 부르짖어 기도합니다(6절).

하나님의 은혜를 구하기 전에 말씀에 순종하는 일, 우상을 제거하는 일이 선행되어야 합니다. 우상은 하나님보다 더 사랑하는 것들입니다. 이 세상이나 이 세상에 있는 것들을 더 사랑한다면 이것이 우상입니다. 이것을 버리고 회개해야 합니다. 육신의 정욕, 안목의 정욕, 이생의 자랑을 좇던 삶을 회개하고 하나님의 은혜를 구해야 합니다. 하나님은 충심으로 통회하는 사람, 자신이 죄인임을 깨닫고 하나님의 은혜를 구하는 사람을 찾으십니다(시 34:18; 마 9:13). 버릴 것을 버리고 하나님만 섬겨야 합니다.

> "너희는 옷을 찢지 말고 마음을 찢고 너희 하나님 여호와께로 돌아올지어다 그는 은혜로우시며 자비로우시며 노하기를 더디하시며 인애가 크시사 뜻을 돌이켜 재앙을 내리지 아니하시나니"(욜 2:13)

3. 하나님이 함께 하시니 승리했습니다

이스라엘 백성들이 다 미스바에 모였다는 소식이 들리자 블레셋의 지도자들이 이스라엘을 공격하러 올라왔습니다. 이 소식을 들은 이스라엘 백성들은 두려워하며 사무엘에게 "당신은 우리를 위하여 우리 하나님 여호와께 쉬지 말고 부르짖어 우리를 블레셋 사람들의 손에서 구원하시게 하소서"(8절)하고 기도를 요청합니다. 사무엘은 번제를 드리고 하나님께 부르짖습니다. 다른 방법은 없습니다. 오직 하나님께 집중할 뿐입니다. 이때는 적군의 입장에서 가장 공격하기에 좋은 시간입니다. 블레셋은 이때를 놓치지 않고 공격합니다. 그러나 하나님은 블레셋 진영에 천둥번개를 통해 그들을 어지럽게 하심으로 연약한 이스라엘 군대에 패하게 하셨습니다.

사무엘은 기념비를 세우고 에벤에셀(하나님이 여기까지 도우셨다)이라 했습니다. 하나님은 그들의 기도를 들으시고 블레셋의 공격을 막으실 뿐 아니라 블레셋에 빼앗겼던 땅을 다 찾게 하셨고 그 땅에 평안을 주셨습니다(12~14절). 이후 블레셋은 다시는 이스라엘을 넘보지 못했습니다.

이스라엘 백성들은 고난을 당하고 자신들이 도저히 그 고난에서 빠져나올 방법이 없다고 생각할 때, 비로소 하나님께로 돌아왔습니다. 우상을 모두 버리고 진정으로 회개하고 금식하며 부르짖었습니다. 하나님은 제사(예배)보다 상하고 통회하는 심령을 찾으시는 분입니다(시

51:17). 이는 문제를 해결받기 위해 부르짖는 것이 아니라 자신의 죄 때문임을 깨닫고 마음을 찢는 부르짖음을 말합니다. 진실 된 회개의 부르짖음, 내가 할 수 없다는 사실을 깨닫고 오직 하나님만 바라보는 부르짖음을 들으십니다. 또한 하나님을 전심으로 의지하는 사람을 찾으십니다(잠 16:20).

"야곱의 하나님을 자기의 도움으로 삼으며 여호와 자기 하나님에게 자기의 소망을 두는 자는 복이 있도다"(시 146:5)

말씀 실천하기

* 온전히 순종하지 못하는 이유가 무엇입니까?
* 하나님을 온전히 섬기려면 버려야 할 것이 무엇입니까?

합심 기도하기

* 이중적인 신앙생활을 청산하게 하소서.
* 온전히 하나님만을 섬기기 위해 버릴 것을 버리게 하소서.

주의 법을 사랑하는 자에게는 큰 평안이 있으니
그들에게 장애물이 없으리이다(시편 119:165)

왕국시대

PART 3

다윗의 롤모델이 된 요나단

본문 말씀 삼상 20:1~34

이룰 목표
- 위기에 처해도 감정으로 반응하지 않는다.
- 위기에 처한 사람의 좋은 친구가 된다.

말씀 살피기
- 다윗은 어느 정도 두려워했습니까?(3절)
- 요나단은 다윗과 어떤 언약을 맺었습니까?(15~16절)
- 요나단은 다윗을 어떻게 사랑했습니까?(17절)

소그룹예배 인도 순서

사도신경	다 같이
찬 송	342장(통 395)
기 도	회원 중
본문 말씀	삼상 20:1~34
새길 말씀	삼상 20:4
헌금 찬송	220장(통 278)
헌금 기도	회원 중
주기도문	다 같이

말씀 나누기

다윗은 사울 왕에게 인정받고 왕의 사위가 되었습니다. 성공할 수 있는 길이 열린 것입니다. 그러나 다윗이 지혜롭게 행동하고, 사람들이 그를 인정하면 할수록 사울의 불안감은 커졌습니다. 다윗이 골리앗을 죽인 후 그의 인기에 대해 위기감을 느꼈던 사울이 공개적으로 다윗을 죽이기로 작정하면서 다윗의 고난은 시작되었습니다.

위기는 누구에게나 찾아오지만 그 위기를 극복하느냐 못하느냐는 위기의 순간에 어떻게 반응하느냐와 누가 그 곁에 있느냐에 따라 결정됩니다. 다윗은 사울의 계속되는 살해 위협을 받았지만 감정으로 반응하지 않고 피해 다녔습니다. 때로는 사울의 집요한 위협으로 절망에 빠지기도 했습니다. 그러나 다윗의 곁에는 좋은 친구이고 형제인 요나단이 있었습니다. 요나단이 어떻게 다윗을 위로하며 도왔기에 신앙과 인격의 모델이 되었는지 살펴보고자 합니다.

1. 다윗이 위기에 처했습니다

사울 왕이 하나님의 명령에 불순종함으로 버림받게 되자 종종 악신에 의해 고통 받게 되었습니다. 사울 왕은 악신에 의해 고통을 당할 때, 다윗을 곁에 두고 수금을 타게 했습니다. 수금소리를 들으면 마음의 안정을 찾고 고통에서 벗어났기 때문입니다. 그 무렵 블레셋과의 싸움에서 블레셋의 장군인 골리앗이 하나님을 훼방하고 이스라엘을 모욕하고 있었습니다. 이스라엘 모든 백성이 두려움에 떨고 있을 때, 다윗은 골리앗을 물매로 쳐서 죽이고 결국 이스라엘은 블레셋과의 싸움에서 승리했습니다(삼상 17:31~54).

그러나 다윗의 위기는 이때부터 시작됩니다. 여인들은 "사울이 죽인 자는 천천이요 다윗이 죽인 자는 만만이라" 노래합니다. 이 노래를 들은 사울왕은 '다윗이 원하는 것이 왕위가 아니냐' 며 다윗을 향한 분노와 미움이 가득하여 창을 던져 죽이려 합니다. 이에 실패하자 약속한대로 딸을 줄테니 블레셋 사람 100명을 죽이고 그 증거물을 가지고 오게 합니다. 이는 간접살인을 계획한 것으로 다윗을 블레셋 사람의 손에 죽이려 했던 것입니다. 그러나 다윗은 죽지 않고 왕의 요구를 이행하여 사울 왕의 사위가 됩니다(삼상 18:27). 이로 인해 사울은 더욱 다윗을 두려워하여 평생 다윗의 대적이 됩니다(삼상 18:29). 사울왕은 모든 신하들에게 다윗을 죽이라고 명령합니다. 이때 사울의 아들 요나단은 "이스라엘을 위해 큰 공을 세운 다윗을 왜 죽이려 하느냐" 고 간언하며 다윗을 지키고자 했으나 다윗은 그 후 10여 년간, 10여 차례나 사울의 핍박을 피해 다녀야 했습니다.

“무릇 그리스도 예수 안에서 경건하게 살고자 하는 자는 박해를 받으리라”(딤후 3:12)

2. 요나단의 도움으로 위기를 모면했습니다

다윗과 의형제를 맺은 요나단은 아버지 사울 왕이 다윗을 죽이려는 것을 못마땅하게 생각합니다. 아버지가 다윗을 죽이라는 명령을 듣고 다윗에게 은밀한 곳에 피해 있으라 권하고 아버지에게 나가 다윗을 옹호합니다. “요나단이 그의 아버지 사울에게 다윗을 칭찬하여 이르되 원하건대 왕은 신하 다윗에게 범죄하지 마옵소서 그는 왕께 득죄하지 아니하였고 그가 왕께 행한 일은 심히 선함이니이다”(삼상 19:4) 요나단의 만류에도 불구하고 사울 왕의 핍박은 점점 심해지고 다윗은 사울 왕을 피해 요나단을 찾아갑니다. 용사인 다윗, 골리앗을 두려워하지 않았던 다윗이지만 자기를 죽이려는 사울왕의 집요함에 “나와 죽음 사이는 한 걸음 뿐이라”할 정도로 두려워합니다(20:3). 그러나 요나단은 다윗을 위로하면서 다윗이 원하는 것을 이루기까지 자신이 최선을 다하겠다고 약속합니다(20:4). 요나단은 다윗을 변호하며 “그가 죽을 일을 한 것이 무엇입니까?”라고 말하였다가 사울이 던진 창에 맞아 죽을 뻔했지만(20:32), 다윗과 약속한대로 아버지의 결심을 알리고 다윗이 멀리 피하도록 돕습니다.

사울은 다윗을 죽이려는 목표를 한 번도 잊은 적이 없는 사람처럼 행동합니다(23:23). 그럴 때마다 다윗은 자기를 생명처럼 사랑하는 친구 요나단의 도움으로 여러 차례 위기를 모면합니다. 요나단은 자신보다 다윗을 더 걱정했습니다. 요나단은 아버지가 자기를 죽이고자 한 사실로 인해 마음이 상해 분노하는 것이 아니라 아버지가 끝내 다윗을 죽일 생각을 포기하지 않는다는 사실 때문에 금식하며 슬퍼했습니다(20:34). '요나단과 같은 친구가 있다면 얼마나 좋을까'를 생각해 봅니다. 그러나 주님은 '누군가에게 요나단과 같은 친구가 되라'고 말씀하십니다.

"사람이 친구를 위하여 자기 목숨을 버리면 이보다 더 큰 사랑이 없나니"(요 15:13)

3. 요나단은 다윗의 롤모델이었습니다

요나단과 다윗은 많은 면에서 닮았습니다. 요나단이 블레셋의 수많은 군사를 두려워하지 않고 적진에 들어가 20여명을 죽이고, 블레셋을 혼란에 빠뜨린 용맹함(14:1~20)과 "여호와의 구원은 사람이 많고 적음에 달리지 아니하였느니라"(14:6)고 고백한 믿음은 다윗의 모습(17:47~49)과 흡사합니다. 또한 자기의 잘못을 인정할 줄 아는 인품(14:43)과 권위에 순종하는 모습 또한 다윗의 모습(삼하 12:1~5)과 닮았습니다. 요나단은 아버지가 자기를 죽이려 했지만 대적하지 않았습니다(20:33). 그는 끝내 아버지 곁에서 아버지를 돕다가 전쟁에 나가 최후를 맞이합니다. 다윗도 자기를 죽이려는 사울 왕을 죽일 수 있는 기회가 두 번이나 있었지만 죽이지 않습니다(24:6, 26:3).

요나단은 다윗과 비교할 때 부족함이 없는 왕의 자질을 갖춘 사람입니다. 그럼에도 불구하고 다윗이 이스라엘의 왕이 될 것이라 인정했습니다. 자기의 신분과 다윗의 신분을 비교하거나 시기하지 않았습니다. 자신의 원함보다는 하나님의 원하심이 우선이었습니다. 이런 요나단은 다윗의 좋은 친구일 뿐 아니라 우리 모두에게 신앙과 인격에 있어서 좋은 본보기가 됩니다. 다윗의 이야기는 항상 요나단의 이야기 뒤에 나옵니다. 이는 요나단이 나이로 볼 때 다윗보다 형이었기 때문만은 아닙니다(20:8, 삼하 1:26 “내 형 요나단이여”). 이는 다윗이 요나단에게 영향을 받았음을 보여주는 것입니다. 다윗은 하나님께 인정받아 기름부음을 받은 자이지만, 훌륭한 인격과 신앙은 요나단을 통해 다듬어졌습니다.

바울이 바나바를 통해 다듬어지고 세워졌을 때 하나님의 역사를 이루는 전도자가 되었듯이, 예수님을 롤모델로 본받고 따라가는 신앙이 있을 때 하나님께서 주신 일들을 이루어 갈 수 있을 것입니다.

“철이 철을 날카롭게 하는 것 같이 사람이 그의 친구의 얼굴을 빛나게 하느니라”(잠 27:17)

말씀 실천하기

* 어려움에 처한 성도들을 위해 내가 할 일은 무엇입니까?
* 누군가의 롤모델이 되기 위해 어떻게 해야 합니까?

합심 기도하기

* 어떤 어려움 중에도 하나님이 함께 하심을 믿게 하소서.
* 요나단과 같이 또 다른 일꾼을 세우는 성도가 되게 하소서.

다윗과 언약하신 하나님

본문 말씀 삼하 7:1~17

이룰 목표
- 항상 하나님의 은혜를 기억하고 하나님께 영광을 돌리는 성도가 된다.
- 하나님의 약속을 붙잡고 믿음 안에서 순종하며 다음세대를 바르게 양육하는 성도가 된다.

말씀 살피기
- 사무엘은 전심으로 여호와께 돌아오려면 어떻게 하라고 권면하였습니까?(3절)
- 블레셋이 쳐들어왔을 때 이스라엘 백성들은 사무엘에게 무엇을 부탁했습니까?(7~8절)
- 에벤에셀이란 말은 어떤 뜻입니까?(12절)

소그룹예배 인도 순서

사도신경	다 같이
찬 송	285장(통 209)
기 도	회원 중
본문 말씀	삼하 7:1~17
새길 말씀	삼하 7:12
헌금 찬송	546장(통 399)
헌금 기도	회원 중
주기도문	다 같이

말씀 나누기

이새의 여덟 번째 아들인 다윗은 양을 치는 목동이었습니다. 하나님은 그를 이스라엘의 가장 위대한 왕으로 세우시고, 메시야의 조상으로 세우시겠다고 약속하셨습니다. 이것은 전적인 하나님의 은혜였습니다. 그러나 그가 왕으로 기름부음을 받은 이후부터 이스라엘의 왕으로 즉위하기까지는 엄청난 시련의 기간이 있었습니다. 사울의 추격을 피해 집 한 칸 없이 떠도는 생활과 그의 적국인 블레셋에 투항하여 온갖 어려움을 겪기도 하였습니다. 그러한 그가 이스라엘의 왕이 된 후 하나님의 도우심으로 주변의 모든 대적들을 정복하고 진정한 통일왕국을 이룰 수 있었습니다. 또 예루살렘에 왕궁을 건축하고 하나님의 법궤를 옮겨와 정치적, 종교적으로 안정을 찾았습니다.

백향목 궁에서 거하는 다윗은 하나님의 궤가 휘장 가운데 있다는 것이 마음에 걸려 나단 선지자에게 성전 건축을 제안했습니다. 그러나 그날 밤 하나님께서는 나단 선지자에게 나타나셔서 다윗 왕의 성전 건축을 허락하지 않으셨습니다. 하지만 하나님을 사랑하는 다윗의 마음을 얼마나 기뻐하셨지 본문에 기록되어 있습니다. 하나님은 이런 다윗을 향해 내 마음에 합한 사람이라고 인정해주시고 뿐만 아니라 다윗에게 놀라운 언약을 주셨습니다. 성전건축의 마음을 가졌던 다윗에게 하나님이 주셨던 언약이 무엇인지 살펴보겠습니다.

1. 다윗의 이름을 존귀하게 하겠다고 약속하셨습니다

본문 9절에 보면 하나님께서 다윗에게 "네가 어디를 가든지 내가 너와 함께 있어 네 모든 대적을 네 앞에서 멸하였은즉 세상에서 존귀한 자의 이름같이 네 이름을 존귀케 만들어 주리라" 고 약속하셨습니다. 이것이 성전 건축을 열망하는 다윗에게 주어진 하나님의 첫 번째 약속이었습니다. 다윗이 어느 곳에 있든지, 어떠한 형편에 있든지 함께 하셔서 존귀하게 하겠다는 말씀입니다. 또한 모든 대적을 멸함으로 그 이름을 존귀하게 만들겠다는 약속입니다. 하나님께서는 다윗과 약속하신 모든 것을 행하셨습니다. 그래서 다윗은 중근동지역의 모든 사람들에게 존경과 두려움의 대상이 되었습니다.

이스라엘은 다른 제국처럼 결코 큰 땅을 차지하거나 인구가 많은 강대한 나라가 아닙니다. 그러나 하나님께서 다윗과 함께 하심으로 가장 부강한 나라가 되었고 승리하는 왕이 되었습니다. 하나님께서 함께 해주실 때 우리도 승리자가 될 수 있습니다. 하나님은 다윗처럼 하나님을 존귀하게 여기는 사람, 하나님을 사랑하고 하나님을 기쁘시게 하는 사람과 함께 하십니다.

> "나를 존중히 여기는 자를 내가 존중히 여기고 나를 멸시하는 자를 내가 경멸하리라"(삼상 2:30)

2. 평안하고 안정된 삶을 약속하셨습니다

성전 건축에 대한 다윗의 마음을 보시고 하나님께서 다윗에게 주신 두 번째 약속은 안정된 삶이었습니다. 첫째, 여기저기 옮겨 다니지 않고 하나님이 예비하신 곳에서 안정되게 사는 약속입니다. 둘째, 평안을 약속 하셨습니다. 아무리 많은 것을 가졌다고 해도 불안하고 마음이 안정되지 못하면 삶이 지옥입니다. 그런데 하나님이 평안을 주시겠다고 약속하십니다. 10절 말씀은 "악한 종류로 전과 같이 그들을 해하지 못하게 하여" 라고 기록하며, 또 11절 말씀은 "전에 내가 사사에게 명령하여 내 백성 이스라엘을 다스리던 때와 같지 아니하게 하고 너를 모든 원수에게서 벗어나 편히 쉬게 하리라" 는 약속입니다.

사사들이 다스리던 때는 사방으로 대적이 들끓고 있었던 때였습니다. 마음 놓고 편안히 살 수 없었던 때가 바로 사사들이 다스리던 시대였습니다. 그런 시대와 다른 안정되고 평안한 삶을 약속하셨습니다. 진정한 평안, 참된 만족은 주님 안에만 있습니다. 그래서 예수님께서도 요 14장 27절에 "평안을 너희에게 끼치노니 곧 나의 평안을 너희에게 주노라 내가 너희에게 주는 것은 세상이 주는 것 같지 아니하니라 너희는 마음에 근심도 말고 두려워하지도 말라"고 하셨습니다. 셋째, 집을 지켜주십니다. 11절 말씀은 "여호와가 또 네게 이르노니 여호와가 너를 위하여 집을 짓고"라는 약속입니다. 성전을 짓겠다는 마음만 가진 다윗에게 하나님께서는 집을 짓도록 하겠다는 약속을 하셨습니다. 다윗의 가정이 해체 될 어려움을 여러 번 겪게 되지만 그때마다 하나님께서 세워주시고 지켜주셨습니다.

"아무 것도 염려하지 말고 다만 모든 일에 기도와 간구로, 너희 구할 것을 감사함으로 하나님께 아뢰라 그리하면 모든 지각에 뛰어난 하나님의 평강이 그리스도 예수 안에서 너희 마음과 생각을 지키시리라"(빌 4:6~7)

3. 자손의 복을 약속하셨습니다

본문 12~15절은 다윗의 자손에게 복을 주어서 그로 말미암아 하나님의 성전을 건축하도록 할 것이고, 하나님의 축복과 은혜를 네 자손에게서 거두는 일이 없을 것이라는 약속이 기록되어 있습니다. 그리고 잘못하는 일이 있으면 징계를 통해서라고 그를 돌이키게 하겠다고 약속하십니다. 이 세상 어떤 부모들이 자녀가 잘되는 것을 바라지 않겠습니까? 그러면 어떻게 해야 자녀가 잘될 수 있을까요? 그것은 신앙을 갖게 하는 것입니다. 자녀를 신앙으로 양육하고, 또 신앙을 유산으로 물려줘야 합니다.

하나님을 사랑하고 하나님의 성전 건축에 대한 꿈을 꾸었던 다윗에게는 하나님께서 자손만대의 복을 약속하시고 후손의 삶을 끝까지 책임져 주셨습니다.

다윗은 왕이었지만 언제나 하나님을 먼저 생각했습니다. 하나님은 그 중심을 보시고 그에게 축복을 약속하셨습니다. 다윗과 함께 하심으로 다윗을 존귀하게 하셨습니다. 그리고 평안하고 안정된 삶을 약속해 주셨습니다. 또한 자손의 복도 주셨습니다. 그래서 그의 후손을 통해 메시야가 오는 놀라운 축복을 받게 되었습니다.

"네 자녀에게 부지런히 가르치며 집에 앉았을 때에든지 길을 갈 때에든

지 누워 있을 때에든지 일어날 때에든지 이 말씀을 강론할 것이며"(신 6:7)

말씀 실천하기

* 하나님은 어떤 분이십니까? 하나님을 진정으로 존귀하게 여기고 있습니까?
* 말씀을 묵상할 때 내게 주신 하나님의 약속은 무엇입니까?

합심 기도하기

* 하나님을 존귀하게 여기고 하나님을 기쁘시게 하는 삶을 살게 하소서.
* 다음세대가 신앙을 이어받아 하나님의 약속 가운데 사는 복을 허락하소서.

듣는 마음을 구한 솔로몬

본문 말씀 왕상 3:4~15

이룰 목표
- 우리가 기도하기를 원하시는 하나님의 마음을 깨닫는다.
- 은혜를 잊지 않고 목숨이 다하는 날까지 순종한다.

말씀 살피기
- 솔로몬은 어떤 기도를 했습니까?(6~9절)
- 하나님은 솔로몬에게 어떤 약속을 하셨습니까?(10~14절)
- 솔로몬은 하나님의 약속에 어떤 반응을 했습니까?(15절)

소그룹예배 인도 순서

사도신경 다 같이
찬 송 314장(통 511)
기 도 회원 중
본문 말씀 왕상 3:4~15
(참고, 왕상 11:1~13)
새길 말씀 왕상 3:9
헌금 찬송 317장(통 353)
헌금 기도 회원 중
주기도문 다 같이

말씀 나누기

솔로몬은 하나님을 사랑함으로 기브온 산당에서 일천 번제를 드렸습니다. 성전 봉헌식 때 온 백성이 제물을 드린 것(왕상 8:62~63) 이외에 개인이 드린 제사로써 솔로몬이 드린 일천 번제는 가장 큰 제물이었습니다. 하나님은 솔로몬에게 은혜 베풀기를 원하셨습니다. 그래서 무엇을 원하는지 물으셨고, 솔로몬의 간구는 하나님의 마음에 들었습니다(왕상 3:10). 하나님은 그가 구한 것 이상의 것을 그에게 주셨습니다.

솔로몬이 순종하는 동안은 하나님이 약속하신 대로 복을 누렸지만 불순종할 때 그를 대적하는 자들이 일어나고 나라가 위기에 처하게 됩니다. 본문을 통해 응답하시는 하나님이 어떤 분인가를 살피고, 열왕기상 11장에 기록된 솔로몬 통치 후기의 삶을 통해 위기에 처한 교회와 나라를 위해 무엇을 구해야 하는지를 살펴보겠습니다.

1. 하나님은 기도하기를 원하십니다

하나님은 왕이 된 솔로몬에게 필요한 것이 무엇인지 다 알고 계십니다. 하나님은 자신을 위협하는 적들을 제거하고 이제 막 한숨 돌린 솔로몬에게 필요한 것이 무엇인지 솔로몬 자신보다 더 잘 알고 계십니다. 그러나 하나님은 솔로몬에게 "내가 네게 무엇을 주어야 할지 구하라" 하십니다.

기도에 관한 말씀을 보면, 하나님은 다 알고 계시니 의식주에 관한 문제를 위해 기도하지 말라 하십니다. 이는 이방인들이 구하는 것이라 하시면서 "너희는 먼저 그의 나라와 그의 의를 구하라 그리하면 이 모든 것을 너희에게 더하시리라" 하셨습니다(마 6:28~33). 그러나 이어서 주님은 "구하라 찾으라 두드리라" 하시고, 또한 "너희 중에 누가 아들이 떡을 달라 하는데 돌을 주며, 생선을 달라 하는 데 뱀을 줄 사람이 있겠느냐 너희가 악한 자라도 좋은 것으로 자식에게 줄줄 알거든 하물며 하늘에 계시는 너희 아버지께서 구하는 자에게 좋은 것으로 주시지 않겠느냐"(마 7:9~11) 하시며 기도할 것을 강조하십니다.

하나님은 우리의 필요를 다 아시는 데 왜 기도하기를 원하실까요? 하나님은 에스겔 선지자를 통해 황폐한 땅을 에덴동산 같이 되게 하고, 무너진 성읍을 다시 세워주겠다고 약속하시면서 "그래도 이스라엘 족속이 이같이 자기들에게 이루어 주기를 내게 구하여야 할지라"(겔 36:37)고 말씀하십니다. 즉 하나님의 약속은 기도해야 이루어진다는 것입니다. 그럼에도 불구하고 기도하기 전에는 하나님이 주시고자 하는 것들 중에서 아무 것도 받을 수 없습니다. 하나님의 선물을 받을 것인지 거절할 것인지 선택은 우리의 몫입니다.

> "너희가 얻지 못함은 구하지 아니하기 때문이요 구하여도 받지 못함은 정욕으로 쓰려고 잘못 구하기 때문이라"(약 4:2~3)

2. 하나님은 기도에 응답하셨습니다

솔로몬은 아버지 다윗이 하나님 앞에 성실과 공의와 정직함으로 살아 은혜를 입었고, 그 은혜가 자신에게까지 임했음을 고백합니다(6절). 또한 자신의 무능함을 고백하며 "이 많은 백성을 재판하기 위하여 듣는 마음을 달라"고 기도합니다(7~9절).

솔로몬의 기도가 하나님의 마음에 든 이유는 하나님이 원하시는 것을 구했기 때문입니다. 솔로몬은 사람들이 일반적으로 구하는 것, 즉 건강하게 장수하는 것이나 부자가 되게 해 달라고 하지 않았습니다. 또한 대적들이 나타나지 못하도록 도와 달라든지 혹은 반역의 마음을 품고 있는 자들을 제거해 달라고 구하지 않았습니다. 솔로몬은 백성들을 바르게 재판할 수 있도록 '듣는 마음'을 달라고 구했습니다. 이 기도가 하나님의 마음을 기쁘게 했습니다.

솔로몬이 이와 같은 기도를 할 수 있었던 비결은 다음과 같습니다. 첫째, 하나님을 사랑했습니다(왕상 3:3). 누군가를 사랑하면 사랑하는 사람이 무엇을 원하는지 알 수 있습니다. 둘째, 하나님의 주권을 믿었습니다. 아버지의 삶이 하나님의 은혜였음을 고백한 것은, 하나님은 죽이기도 하시고 살리기도 하시며 건강하게도 하시고 부하게도 하시고 높이기도 하시고 낮추기도 하시는 분임을 믿었습니다(삼상 2:6~8). 셋째, 어린아이 같다고 자기의 부족함을 고백한 것을 보아 그가 겸손한 자였음을 알 수 있습니다. 하나님은 교만한 자를 물리치시고 겸손한 자의 기도를 들으십니다(시 10:17). 넷째, 하나님 중심의 사람이었습니다. 자기중심인 사람은 자기의 안일을 먼저 생각하지만 하나님 중심의 사람은 사명을 먼저 생각합니다(롬 8:5). 하나님 중심의 사람은 나보다 다른 사람을 생각하고, 교회와 사회를 먼저 생각합니다. 그렇기에 솔로몬은 백성들을 먼저 생각하여 듣는 마음을 구한 것입니다.

> "그를 향하여 우리가 가진 바 담대한 것은 이것이니 그의 뜻대로 무엇을 구하면 들으심이라"(요일 5:14)

3. 하나님을 떠나면 기도응답도 사라집니다

하나님은 지혜롭고 총명한 마음을 주되 솔로몬 같은 사람은 전에도 후에도 없을 것이라 하셨고, 그가 구하지 않은 부귀와 영광도 주시겠다고 하셨습니다(12~13절). 하나님의 약속을 들은 솔로몬은 예루살렘으로 돌아와 하나님의 언약궤 앞에서 번제와 감사의 제물을 드렸습니다. 언약궤 앞에서 번제를 드렸다는 것은 하나님 앞에서 자신의 헌신을 다짐한 것입니다. 감사의 제물은 화목제를 드린 것으로 그 제물을 제사장이나 제사에 참여한 사람이 나누어 먹는 제사입니다. 솔로몬은 하나님의 약속의 말씀에 감사하여 화목제를 드리고 신하들을 불러 그들과 함께 기쁨을 나누었습니다(15절).

솔로몬은 성전봉헌 이후, 얼마 동안은 하나님의 말씀을 마음에 새기고 순종했습니다. 하나님은 솔로몬이 순종하는 동안 약속대로 솔로몬에게 온 백성이 두려워할 만한 지혜를 주셨고(왕상 3:28), 그 지혜가 주변 나라의 어떤 사람보다 뛰어나게 하셨으며(왕상 4:29), 지혜뿐 아니라 어느 누구와 비교할 수 없을 정도의 부귀영화도 주셨습니다(왕상 10:23). 하나님은 솔로몬에게 두 번 나타나셔서 말씀에 순종하면 하나님의 약속하신 바를 이루어주실 것이지만 말씀에 불순종하면 저주가 임하고 버림받게 될 것이라 하셨습니다(왕상 3:14, 9:3~9).

솔로몬은 어느 순간부터 하나님보다 이방 여인을 더 사랑하게 되고, 우상을 섬기기 시작했습니다(왕상 11:1~8). 그 결과 대적들이 생겨나고, 나라가 둘로 나누어지는 원인을 제공했습니다. 하나님을 떠나니 이방 여인들과 이방신들에게 마음을 빼앗겼습니다. 마음을 빼앗겨 말씀에 귀를 기울이지 않으니 듣는 귀가 닫혔고, 나라 안에 반역의 세력이 자라가고 있는 줄도 몰랐습니다(왕상 11:14, 23, 26, 31).

하나님의 은혜는 무조건적이지만 항상 순종이 전제되어 있음을 알아야 합니다. 우리는 세상에서 가장 큰 은혜를 입었던 솔로몬의 몰락을 통해, 삶의 중심이 하나님 중심에서 자기중심으로 옮겨가면 평안과 자유를 잃어버리고 불행이 찾아온다는 것을 명심해야 합니다.

"사무엘이 이르되 여호와께서 번제와 다른 제사를 그의 목소리 청종하는 것을 좋아하심 같이 좋아 하시겠나이까 순종이 제사보다 낫고 듣는 것이 수양의 기름보다 나으니"(삼상 15:22)

말씀 실천하기

* 자기중심에서 하나님 중심으로 살려면 어떻게 살아야 합니까?
* 하나님을 사랑하며 듣는 마음을 유지하기 위해 어떻게 해야 합니까?

합심 기도하기

* 마음을 읽을 수 있도록 듣는 마음을 주소서.
* 일평생 하나님을 섬기며 하나님 중심으로 살게 하소서.

아사 왕의 신앙개혁

본문 말씀 왕상 15:9~15

이룰 목표
- 신앙 개혁의 본이 되는 성도가 된다.
- 모든 것이 하나님의 은혜임을 알고 겸손과 감사의 삶을 산다.

말씀 살피기
- 아사 왕은 하나님 보시기에 어떠했습니까?(11, 14절)
- 아사 왕이 개혁한 두 가지는 무엇입니까?(12절)
- 아사 왕이 성별한 것은 무엇입니까?(15절)

소그룹예배 인도 순서

사도신경	다 같이
찬　　송	272장(통 330)
기　　도	회원 중
본문 말씀	왕상 15:9~15
새길 말씀	왕상 15:11
헌금 찬송	310장(통 410)
헌금 기도	회원 중
주기도문	다 같이

말씀 나누기

아사 왕은 41년간(B.C.910~869년) 유다를 통치했습니다. 아사가 왕위에 올랐을 당시 사회는 우상숭배가 만연하고 백성들의 윤리는 땅에 떨어져 있었습니다. 그러나 아사 왕은 선왕인 르호보암이나 아비얌과는 달리 타락과 우상 숭배를 근절하는 등 과감한 신앙개혁을 단행했습니다. 이러한 그의 개혁 의지는 혐오스러운 아세라 상을 만들었던 어머니 마아가의 태후의 위를 폐하는 일에서 극명하게 잘 드러나 있습니다(13절).

이후 여호사밧, 히스기야, 요시야 왕까지 남유다에 신앙 개혁을 가져온 왕들의 모델이 되었다는 점에서 이스라엘 신정사(神政史)에서 매우 중요한 위치를 차지하고 있습니다. 본문을 통하여 아사 왕이 이룩한 신앙개혁이 무엇인가 살펴보도록 하겠습니다.

1. 개혁의 본이 되었습니다

아사 왕은 몸소 신앙개혁의 본을 보임으로 백성들이 하나님 중심으로 살도록 인도했습니다. 이것은 개혁의 원리와도 같습니다. 수많은 개혁들이 실패로 끝나는 이유는 밖에 있는 것이 아니라, 자신과 내부에 있다는 것을 깨달아야 합니다. 아사 왕은 먼저 자신부터 하나님 보시기에 정직하게 행하고(11절), 마음이 일평생 여호와 앞에 온전하였습니다(14절). 또한 자신의 어머니를 폐위시킴으로 사사로운 혈통이나 정분에 얽매이기보다 하나님의 말씀을 실천하는 개혁의 본을 보였습니다. 뿐만 아니라 먼저 하나님께 마땅히 드려야 할 것을 구별하여 드렸습니다(15절). 이는 물질에 빼앗겼던 마음이 하나님께 다시 돌아 왔음을 의미합니다.

이처럼 개혁은 타인에게서 찾는 것이 아니라, 먼저 자신과 내부에 있음을 깨닫고 실천하는 것입니다.

> "그러나 내가 긍휼을 입은 까닭은 예수 그리스도께서 내게 먼저 일체 오래 참으심을 보이사 후에 주를 믿어 영생 얻는 자들에게 본이 되게 하려 하심이라"(딤전 1:16)

2. 도덕적 개혁이었습니다

신앙개혁은 반드시 도덕적 개혁으로 이어져야 합니다. 아사 왕 시대에 남색하는 자들이 있었습니다(12절). 오늘날의 동성애를 말합니다. 열왕기상 14장 24절을 보면 선대왕인 르호보암 때에도 있었던 가증한 일이었다는 것을 알 수 있습니다. 여기 남색하는 자들은 아세라 상을 섬기기 위해 구별된 남창들로서(신 3:17~18) 아세라 의식의 한 절차였던 매음 행위를 하던 자들입니다. 결국 당시 남색하는 자들은 우상숭배로부터 비롯된 것임을 알 수 있습니다. 이러한 동성애는 도덕적, 윤리적으로 소돔과 고모라 때같이 가장 타락했을 때 일어납니다. 인간이 도덕적으로 가장 타락했을 때 동성애가 만연되어 사회적인 문제를 야기합니다. 아사 왕은 이렇게 타락한 도덕을 재건하기 위해 동성애자들을 모두 나라 밖으로 쫓아냈습니다(레 18:22; 고전 6:9~10).

오늘날 우리 사회에도 동성애(Homosexuality)에 대한 찬반논쟁이 많은데, 이것은 명백히 하나님의 창조질서에 반하는 것입니다(창 2:24). 레즈비언, 게이, 양성애자, 트렌스젠더가 바로 그것입니다. 하나님의 창조 질서와 목적을 바로 알고 회복해야 합니다.

> "누구든지 여인과 동침하듯 남자와 동침하면 둘 다 가증한 일을 행함인즉 반드시 죽일지니 자기의 피가 자기에게로 돌아가리라"(레 20:13)

3. 영적 개혁이었습니다

도덕적 타락은 영적 타락에서 비롯된다고 할 수 있습니다. 그러므로 신앙개혁은 영적 개혁을 기반으로 해야 합니다. 아사 왕은 여호와께 악하고, 도덕적 타락을 일으키는 영적인 타락부터 개혁해 나갔습니다. 우선 전국에 있는 우상을 모두 제거했습니다. 특히 선대왕 때부터 줄곧 아세라 상을 섬김으로 우상숭배를 만연케 한 주범이라 할 수 있는 자신의 어머니를 폐위시키는 사건은 우상숭배의 진원을 뿌리 뽑은 것과 같습니다.

그러나 이와 같이 아사 왕이 영적인 개혁을 이룰 수 있었던 것은 본인의 신앙도 있었지만, 다윗과의 약속에 근거한 하나님의 은총이라는 것을 간과하면 안 됩니다(4~5절). 우리가 하나님의 일을 할 수 있는 것은 우리 안에 의로움이 있기 때문이 아닙니다. 그리스도 안에 내재된 선행적 하나님의 은혜 때문입니다(엡 2:8). 그러므로 그리스도인들은 하나님과 사람 앞에서 보다 겸손하고, 하나님의 은혜에 감사하는 생활을 잊어서는 안 됩니다. 이것이 영적 기반(base)이 되어야 합니다.

"사랑하는 자여 네 영혼이 잘됨 같이 네가 범사 잘되고 강건하기를 내가 간구하노라"(요삼 1:2)

말씀 실천하기

* 먼저 나의 신앙 개혁을 위해 무엇부터 하겠습니까?
* 도덕적, 영적 개혁을 위해 무엇부터 실천하겠습니까?

합심 기도하기

* 개혁은 나로부터 시작됨을 알게 하시고, 나의 한계를 뛰어넘게 하소서.
* 하나님 보시기에 정직하게 행하고 명령하신 모든 일을 순종하게 하소서.

히스기야와 함께 하신 하나님

본문 말씀 왕하 18:1~8

이룰 목표
- 하나님께서 히스기야와 함께 하신 이유가 무엇인지를 안다.
- 형통의 복은 하나님을 전적으로 의지하는 믿음의 사람이 받는 복임을 안다.

말씀 살피기
- 히스기야 왕의 아버지는 누구입니까?(1절)
- 히스기야 왕은 어떤 이유로 모세가 만든 놋뱀을 산산조각 냈습니까?(4절)
- 히스기야가 블레셋 사람들을 쳐서 정복한 지역은 어디입니까?(8절)

소그룹예배 인도 순서

사도신경	다 같이
찬　　송	288장(통 204)
기　　도	회원 중
본문 말씀	왕하 18:1~8
새길 말씀	왕하 18:5~7
헌금 찬송	542장(통 340)
헌금 기도	회원 중
주기도문	다 같이

말씀 나누기

히스기야는 유다 왕 아하스와 스가랴의 딸 아비야의 아들입니다(대하 29:1). 히스기야라는 이름은 '하나님의 힘' 또는 '여호와는 강하시다'라는 뜻을 갖고 있습니다. 히스기야는 25세에 즉위하여 29년 동안 나라를 다스렸는데, 전심으로 여호와를 경외하고 통치를 잘하여 열왕 중에 이만한 왕이 없었다고 말할 정도로 정직한 왕이었습니다. 그는 치세기간 동안 성전을 정결케 하고 잃었던 제사제도를 다시 세우며, 오랫동안 지키지 못했던 유월절을 회복하는 등 하나님을 섬기는 법도를 재건하는 일에 힘쓴 믿음의 왕이었습니다. 또한 선지자 이사야의 시대에 선지자에게 신앙의 지도와 도움을 구한 왕이기도 하였습니다. 그 결과 여호와께서 히스기야와 함께 하셔서 그가 어디로 가든지 형통하였음을 기록하고 있습니다(7절). 하나님이 함께 하심으로 나라의 국력이 강해지자 그동안 앗수르에 바치던 조공을 폐하였고, 블레셋을 물리쳤습니다. 본문을 통해 하나님께서 히스기야와 함께 하셨던 이유를 살펴보겠습니다.

1. 히스기야는 하나님 보시기에 정직했습니다

히스기야의 아버지 아하스 왕은 하나님 보시기에 정직하게 행하지 않았습니다. 어린아이를 제물로 바치는 암몬 족속의 우상 몰렉에게 제사하면서 자기 아들을 불 가운데로 지나가게 하는 악한 일을 했습니다. 또한 앗수르의 왕 디글랏 빌레셀을 만나기 위해 다메섹에 갔다가 거기 있는 이방종교의 제단을 보고 제사장 우리야에게 성전에 이방 제단을 만들게 한 후, 이방 제단에서 제사를 드렸습니다. 아하스 왕은 이처럼 그 행실이 아주 악하고 정직하지 못했지만, 아들 히스기야는 25세에 왕이 되어 그의 조상 다윗이 행한 모든 것을 그대로 본받아 하나님 보시기에 정직히 행하였습니다. 하나님이 보시기에 정직하다는 것은 매우 중요합니다. 하나님 앞에 꾸밈이 없다는 뜻으로 항상 하나님 앞에서 행동하는 것처럼 산다는 것입니다.

하나님은 우리의 중심을 꿰뚫어 보십니다. 사람은 겉으로 보기에는 정직한 것 같아도 내면은 정직하지 못할 때가 있습니다. 사람은 그런 외식에 속을지 몰라도 하나님은 속지 않으십니다. 하나님은 정직한 사람에게 복을 내려 주십니다. 유다 왕 히스기야는 하나님 보시기에 정직히 행하므로 하나님께서 함께 하셔서 형통하는 복을 받았습니다.

"여호와께서 보시기에 정직하고 선량한 일을 행하라 그리하면 네가 복을 받고 그 땅에 들어가서 여호와께서 모든 대적을 네 앞에서 쫓아내시겠다고 네 조상들에게 맹세하신 아름다운 땅을 차지하리니 여호와의

말씀과 같으니라"(신 6:18~19)

2. 히스기야는 하나님과 동행하는데 방해가 되는 것들을 제거했습니다

본문 4절에 보면 히스기야 왕은 유대인들이 우상숭배를 하던 여러 산당을 파괴시켰습니다. 우상을 깨뜨렸습니다. 그리고 모세가 만들었던 놋뱀을 부쉈습니다. 놋뱀은 광야 시절 불 뱀에 물려 죽어 가던 사람들이 놋뱀을 바라보면 살았던 사건을 기념하는 상징물이었지만, 어느덧 사람들은 이 놋뱀에 마치 특별한 능력이 있는 것처럼 생각하고 분향하며 섬겼습니다. 그래서 히스기야 왕은 놋뱀을 부수고 느후스단이라고 불렀습니다. 느후스단은 우리 말로 '놋 조각' 입니다. 다시 말하면 그것은 신이 아니고 놋 조각에 불과한 것입니다. 신앙 회복을 위한 히스기야의 강한 의지를 엿볼 수 있습니다. 히스기야는 왕위에 오르면서 하나님과 동행하는데 방해가 되는 모든 우상의 단들을 헐어버리고 우상을 깨뜨렸습니다. 그리고 굳게 닫혔던 예루살렘의 성전 문을 활짝 열고 제사를 부활시켰으며, 유월절을 회복하였습니다. 이렇게 히스기야가 하나님과 동행하는데 방해가 되는 것들을 제거하자 하나님께서는 히스기야와 함께 하셨고 그를 형통하게 하셨습니다.

"히스기야가 온 이스라엘과 유다에 사람을 보내고 또 에브라임과 므낫세에 편지를 보내어 예루살렘 여호와의 전에 와서 이스라엘 하나님 여호와를 위하여 유월절을 지키라 하니라"(대하 30:1)

3. 히스기야는 하나님을 의지했습니다

히스기야는 선왕으로부터 부귀와 강국을 물려받지 못했습니다. 부강한 유다를 물려받은 것이 아니라 힘없는 속국으로 추락한 유다를 물려받았습니다. 히스기야가 할 수 있는 일은 아무것도 없었습니다. 사마리아가 함락 되는 모든 과정을 지켜보면서 두렵고 떨렸을 것입니다. 함락당한 북이스라엘의 처참한 모습을 보면서 다음은 '우리 차례다' 하는 불안감을 떨칠 수가 없었을 것입니다. 이때 하나님을 의지합니다.

그러나 언제나 하나님을 의지했던 것은 아닙니다. 히스기야는 앗수르 침공 때 인간적인 방법을 써봤지만 결국 인간적인 방법과 노력은 허망한 것이라는 사실을 깨닫습니다. 그 일이 있은 후 더 하나님을 의지했습니다. 이런 깨달음과 하나님만을 의지하는 변화가 유다를 구원했습니다. 히스기야는 그 당시 최강대국 중의 하나인 앗수르를 배척함으로써 담대하게 하나님을 의지하는 모습을 보여 주었습니다. 또한 하나님의 은혜로 블레셋을 쳐서 가사와 그 일대를 포함한 지역을 정복하였습니다.

히스기야는 힘없는 나라의 왕이었지만, 하나님을 의지하였기에 하나님은 히스기야를 세계의 왕으로 높이셨습니다. 하나님을 의지하는 삶은 무슨 일을 하든지 나의 생각, 나의 의견, 나의 의지는 한 걸음 뒤로 물리고 하나님을 앞장서시게 하는 삶입니다. 히스기야의 삶의 신조는 하나님을 기쁘시게 하는 것, 하나님을 경외하고 의지하는 것이었습니다. 하나님은 이러한 히스기야의 삶을 보시고 함께 하셨습니다.

"내가 하나님을 의지하고 그 말씀을 찬송하올지라 내가 하나님을 의지하였은즉 두려워하지 아니하리니 혈육을 가진 사람이 내게 어찌 하리이까"(시 56:4)

말씀 실천하기

* 오늘 말씀 앞에서 개혁할 부분은 무엇입니까?
* 하나님께 바라기 전에 먼저 실천해야 하는 것은 무엇입니까?

합심 기도하기

* 옛 습관을 버리지 못해 세상 가치에 물드는 일이 없도록 도와주소서.
* 인생의 우상을 과감하게 청산할 수 있는 신앙의 용기를 주소서.

므낫세 왕의 범죄

본문 말씀 왕하 21:1~18

이룰 목표
- 므낫세 왕이 하나님께 행한 악한 행위가 무엇인지 살펴본다.
- 회개한 영혼을 사랑하시는 하나님의 마음을 배운다.

말씀 살피기
- 유다 왕 므낫세는 몇 년 동안 나라를 다스렸습니까?(1절)
- 므낫세는 어떤 우상을 성전에 세웠습니까?(7절)
- 멸망의 상징으로 쓰인 기구의 이름은 무엇입니까?(13절)

소그룹예배 인도 순서

사도신경	다 같이
찬　　송	91장(통 91)
기　　도	회원 중
본문 말씀	왕하 21:1~18
새길 말씀	왕하 21:8~9
헌금 찬송	273장(통 331)
헌금 기도	회원 중
주기도문	다 같이

말씀 나누기

므낫세는 그 아버지 히스기야의 뒤를 이어 12세에 왕이 됐고 남북조를 통틀어 가장 오랜 재위기간인 55년 동안 통치한 왕이었습니다. 그러나 므낫세는 그의 아버지 히스기야가 헐어버린 산당을 다시 세우고, 여호와의 성전에 바알의 제단과 아세라 목상을 세웠으며 일월성신을 위한 제단을 쌓아 그 앞에 숭배하였습니다. 심지어는 사람을 제물로 바치는데, 자신의 아들을 제물로 삼기도 했습니다. 이는 종교 혼합주의로 하나님을 향한 극도의 배교행위입니다. 그뿐 아니라 므낫세의 강포한 행위는 잔인한 통치를 낳았습니다.

유다 백성들 또한 므낫세의 꾐으로 여호와께서 쫓아내신 이방 민족들보다 더 악한 일을 행하였습니다. 결국 예언자들의 예언처럼 므낫세는 바벨론에 끌려가 사슬에 묶여 옥고를 치르는 하나님의 징계를 받았습니다. 그러나 그가 말년에 하나님께 회개함으로 인해 그토록 악을 행한 왕인데도 하나님의 자비와 긍휼을 입게 됐고 왕위가 지속되는 은혜를 받았습니다. 우상숭배로 범죄하고, 악한 왕으로 비난받았던 므낫세 왕의 모습을 통해 하나님을 바로 알고 섬길 수 있는 지혜와 용기를 갖는 것이 얼마나 중요한지 살펴보겠습니다.

1. 므낫세는 최악의 우상 숭배자였습니다

므낫세가 왕이 되어 55년간 다스릴 때 이스라엘에는 온갖 우상이 가득합니다. 심지어 우상들이 예루살렘 성전까지 파고듭니다(4~5절). 므낫세는 "바알과 아세라와 하늘의 일월성신을 섬겼고"(3절), "성전 마당에다가 일월성신을 위해 제단을 쌓았고"(5절), "자녀를 불 가운데 지나게 하고 점을 치고 사술을 행하고 신접한 자와 박수를 신임했으며"(6절), "자기가 만든 아세라 목상을 성전에다가 세워 놓았습니다(7절)." 한마디로 므낫세는 하나님께서 제일 싫어하는 일만 골라서 했습니다. 백성들을 바르게 인도해야 할 왕이 하나님의 말씀을 부정하고 백성들을 꾀어 우상을 섬기게 했습니다. 결국 "므낫세의 꾐을 받고 악을 행한 것이 여호와께서 이스라엘 자손 앞에서 멸하신 여러 민족보다 더 심하였더라"(9절)고 기록했는데, "꾐을 받고"란 말은 '방황하다', '길을 잘못 가다' 는 뜻으로 므낫세가 백성들로 하여금 길을 잘못 가도록 만들었다는 의미입니다.

므낫세의 이러한 행위로 인해 백성들은 열방 곧 하나님을 알지도 못하고 섬기지도 않는 자들보다도 더욱 하나님을 멀리하고, 하나님께 악을 행했습니다. 하나님 아닌 것들이 하나님 자리를 대신했습니다. 그 결과 유다의 온 땅에 악과 재앙이 가득하게 되었습니다. 하나님을 거역한 유다 백성들은 원수의 노략거리가 되고 겁탈당하는 능욕을 겪었으며(14절), 무고한 자의 피가 예루살렘 이 끝에서 저 끝까지 가득하게 되었습니다(16절). 전쟁과 폭력, 쾌락과 방종, 빈부격차와 불평등이 가득한 악한 시대였습니다. 므낫세의 시대는 의롭고 죄 없는 사람들이 억울하게 피 흘리는 시대, 하나님의 멸망이 선포되는 때였습니다.

> "너희가 만일 내가 오늘 너희에게 명령하는 도에서 돌이켜 떠나 너희의 하나님 여호와의 명령을 듣지 아니하고 본래 알지 못하던 다른 신들을 따르면 저주를 받으리라"(신 11:28)

2. 므낫세는 하나님의 징계를 받았습니다

남왕국 유다와 북왕국 이스라엘을 통틀어 가장 악한 왕은 므낫세입니다. 왜냐하면 우상을 섬겼을 뿐만 아니라 백성들에게 우상을 섬기도록 했으며, 수없이 많은 선지자들을 죽였기 때문입니다. 유대의 전승에 의하면 므낫세는 이사야를 톱으로 켜서 죽였으며 매일 선지자 몇 명씩을 죽여 하나님을 섬기는 일을 아예 하지 못하도록 했다고 전합니다. 본문에도 그가 무죄한 자의 피를 많이 흘렸다고 증거 합니다(16절).

하나님은 어리석은 므낫세를 그대로 두지 않으시고 선지자들을 통해 므낫세와 백성에게 있을 심판을 예언하셨습니다. 사마리아를 잰 줄과 아합의 집을 다림 보던 추로 예루살렘에 베푸시겠다는 말씀은 앗수르를 통해 유다를 징벌하시겠다는 뜻이었습니다. 하지만 하나님께서는 즉각적으로 심판을 행하시지 않고 회개할 시간을 충분히 주셨습니다. 그러나 이스라엘 백성은 마음이 완악하게 되어 심판을 자초했습니다. 므낫세와 백성들의 이러한 행실은 하나님을 경외하지 않은 까닭이며, 하나님의 율례와 법도를 무시한 처사였습니다. 이처럼 모든 죄는 하나님과 하나님의 말씀을 멀리한 것에서 시작됩니다.

> "오직 너희를 부르신 거룩한 이처럼 너희도 모든 행실에 거룩한 자가 되라 기록되었으되 내가 거룩하니 너희도 거룩할지어다 하셨느니라"(벧전 1:15~16)

3. 므낫세는 회개하였습니다

하나님의 심판 예언에도 불구하고 하나님의 말씀에 순종하지 않고 우상 숭배의 가증한 행위를 그치지 않았던 므낫세는 앗수르의 포로가 되어 쇠사슬로 묶여 바벨론으로 끌려가는 수치를 당했습니다. 결국 므낫세는 하나님의 징계의 채찍을 맞고 나서야 회개하여 구원을 받았습니다. 역대하 33장 10~13절은 므낫세가 바벨론에 포로생활을 하면서 하나님께 겸손함으로 기도하자 하나님은 그 기도를 들으시고 예루살렘에 돌아와 다시 왕위에 오르게 하셨다고 기록합니다. 그리고 므낫세는 앗수르를 의지하지 않고 하나님을 의지하는 가운데 성벽을 확장하고 군대를 정비했습니다. 뿐만 아니라 이방 신들과 여호와의 전의 우상을 제하며, 여호와의 단을 중수하고 화목제와 감사제를 그 단 위에 드리고, 백성들을 향해 이스라엘 하나님 여호와를 섬기라고 명령하였습니다. 그러자 백성들도 우상을 버리고 하나님께 제사하게 되었습니다. 결국 회개한 므낫세는 하나님의 큰 은혜를 입어 회개에 합당한 열매를 맺었습니다.

성도가 지나간 삶의 자리에는 하나님 보시기에 아름다운 흔적이 가득해야 합니다. 므낫세는 왕실 일지에 그의 업적과 함께 '죄'가 기록되었습니다. 하나님의 징계로 바벨론에 포로로 끌려간 후, 겸손히 하나님을 찾았다는 내용이 나오지만 므낫세와 아몬의 통치 기간 중에 우상 숭배에 깊이 빠진 유다 백성은 하나님께 온전히 돌이키지 못했고,

결국 심판을 피할 수 없었습니다. 지도자는 영향력이 큰 만큼 그 책임 또한 크다는 사실을 기억하며, 사람들을 올바른 길로 이끌어야 합니다.

"고난 당한 것이 내게 유익이라 이로 인하여 내가 주의 율례를 배우게 되었나이다"(시 119:71)

말씀 실천하기

* 하나님 앞에서 죄를 발견했을 때 회개합니까?
* 하나님을 어떤 것보다 더 사랑하며 살고 있습니까?

합심 기도하기

* 하나님과의 관계가 더 투명하고 깨끗해지게 하소서.
* 회개하는 영혼을 회복시키시는 주님의 사랑을 체험하게 하소서.

성전수리와 하나님의 뜻

본문 말씀 대하 34:8~21

이룰 목표
- 진정한 성전 수리란 무엇인가 배운다.
- 말씀을 통한 진정한 회개와 믿음을 배운다.

말씀 살피기
- 요시야 왕이 명령한 것은 무엇입니까?(8절)
- 성전을 수리하면서 발견한 것은 무엇입니까?(2~3절)
- 율법 책을 읽은 요시야 왕의 반응은 어떠했습니까?(8~11절)

소그룹예배 인도 순서

사도신경	다 같이
찬 송	210장(통 245)
기 도	회원 중
본문 말씀	대하 34:8~21
새길 말씀	대하 34:19
헌금 찬송	270장(통 214)
헌금 기도	회원 중
주기도문	다 같이

말씀 나누기

본문 말씀은 우상을 타파하고 성전을 정결케 한 이후의 이야기로써, 요시야 왕은 그동안 방치되었던 성전 수리사업을 시작합니다. 그리고 성전을 수리하는 중에 여호와의 율법 책을 발견합니다. 율법 책을 통해 요시야 왕은 율법의 규례를 지키지 못한 자신의 죄를 깨닫고 옷을 찢으며 회개하였습니다. 백성들도 회개함으로써 하나님과의 관계가 회복되었습니다. 성전 수리 과정을 통하여 역사하셨던 하나님의 섭리가 무엇인지 살펴보겠습니다.

1. 성전 수리를 명령했습니다

여호와의 전을 수리하기 위해 요시야 왕은 명령만 한 것이 아니라 사람과 물질을 함께 보내어 전심으로 협력하는 것을 볼 수 있습니다(8~10절). 일찍이 성전 수리는 요아스 왕(대하 24:4~14), 히스기야 왕(대하 29:15~19) 때에도 행해졌으나, 이후 므낫세 왕과 아몬 왕의 통치 기간에 우상숭배와 불신앙으로 성전은 훼파되어 다시 성전 수리가 필요하게 되었습니다(11절). 이와 같은 성전 수리는 신앙 회복의 일환으로, 참된 제사(예배)를 위해서 먼저 이루어져야할 사항입니다. 성전에서 제사가 바르게 행해져야 되므로 성전 수리는 신앙 개혁에 있어서 반드시 수반되어야 했습니다.

현대 그리스도인들을 보면 개인의 신앙들은 좋은데 성전 신앙, 즉 교회 중심의 신앙생활은 약한 모습을 보이기도 합니다. 성전을 향한 다윗의 마음(시 27:4)과 솔로몬이 성전을 건축하고 드렸던 기도(왕상 8:22~53), 또한 사도행전 2장에서 성령 충만의 역사로 시작된 교회 탄생의 배경(행 1:4, 14)에는 함께하는 마음, 자원하는 마음과 기도가 있었습니다. 이것이 교회의 가치입니다.

신앙에 있어서 개인 신앙도 마찬가지입니다. 교회 중심의 신앙생활을 등한시하는 개인 신앙은 나라 없는 백성들과 같습니다. 개인 중심의 신앙생활은 교회의 쇠퇴뿐만 아니라 개인 신앙에도 영향을 줍니다. 따라서 교회를 위해 헌신하며 기도함으로 신앙의 개혁을 이끌어 가야합니다. 그리고 요시야 왕과 같은 결단과 실천하는 용기가 있어야 합니다.

"폐하시고 다윗을 왕으로 세우시고 증언하여 이르시되 내가 이새의 아들 다윗을 만나니 내 마음에 맞는 사람이라 내 뜻을 다 이루리라 하니더니"(행 13:22)

2. 율법 책이 발견되었습니다

유다 제16대 왕위에 오른 요시야는 위대한 종교 개혁자로서 그가 한 일 중에 가장 으뜸 되는 것은 성전수리였습니다. 요시야가 방치된 성전을 수리한 것은 종교 개혁이라는 엄청난 일을 위해 먼저 하나님께 나아갔음을 의미합니다. 그때 종교개혁을 이루게 했던 율법 책을 발견하게 되었습니다. 요시야가 종교 개혁을 통해 참 신앙을 복구하려는 이때에 율법 책이 발견된 것은 하나님의 특별한 섭리였습니다. 결국 요시야 왕은 여호와의 율법 책에 근거하여 올바른 종교개혁을 담대하게 추진할 수 있었습니다.

지금 이 시대는 '풍요 속에 빈곤' 입니다. 말씀은 넘쳐나는데 '들을 귀' 없는 우리의 모습이 안타깝습니다. 이를 위해서는 하나님 앞에 나아가 말씀을 살피고, 말씀으로 지도를 받아야 합니다. 요시야가 여호와의 율법 책을 발견한 곳은 하나님의 성전(교회)이었음을 기억해야 합니다. 우리가 어떤 큰 결심을 하고 생활을 돌이키려 할 때, 가장 먼저 하나님의 성전에서 흘러나오는 말씀 앞에 서야 합니다. 그때 율법책의 발견과 같은 하나님의 선하시고 기뻐하시고 온전하신 뜻을 발견할 수 있습니다(롬 12:2).

"모든 성경은 하나님의 감동으로 된 것으로 교훈과 책망과 바르게 함과 의로 교육하기에 유익하니 이는 하나님의 사람으로 온전하게 하며 모든 선한 일을 행할 능력을 갖추게 하려 함이라"(딤후 3:16~17)

3. 회개의 역사가 나타났습니다

성전에서 발견한 율법 책을 사반이 왕 앞에서 읽자 귀를 기울여서 듣고 있던 요시야는 자신과 백성의 죄를 부끄러워하고 하나님의 진노를 두려워한 나머지 자기 옷을 찢고 회개하였습니다(18~19절). 요시야는 자기 나라의 형편이 악하다는 생각을 오랫동안 품어 왔지만 율법 책을 읽기 전에는 그렇게 심각한 상태인 줄을 실감하지 못했습니다. 요시야가 옷을 찢었다는 것은 무엇이 잘못되었고, 무엇을 고쳐야 하는지를 알게 되었음을 의미합니다. 지금 우리는 죄악에 물들어 양심이 무뎌져 있기 때문에, 우리 삶을 하나님의 말씀에 비추어야만 나의 죄악을 제대로 볼 수 있습니다. 이것이 하나님께서 성전수리를 통하여 밝히신 귀하신 뜻입니다.

신약시대의 성전은 크게 두 가지로 분별됩니다. 첫째는 눈에 보이는 유형의 교회를 들 수 있으며, 둘째는 마음의 성전입니다. 곧 성령께서 거하시는 거룩한 전인 마음입니다. 요시야 왕의 성전수리는 이미 있었던 성전을 정결하게 하는 일이었습니다. 그리고 율법을 듣고 옷을 찢으며 마음을 겸비하였습니다(19절). 마찬가지로 우리 마음의 성전도 날마다, 시간마다 성결케 해야 합니다. 즉 회개하는 것입니다. "내가 거룩하니 너희도 거룩하라"는 것이 하나님의 뜻이요 소원입니다(벧전 1:16). 또한 그것이 하나님께 영광을 돌리는 첫 걸음이기도 합니다(고전 6:19~20).

> "너희 몸은 너희가 하나님께로부터 받은바 너희 가운데 계신 성령의 전인 중 알지 못하느냐 너희는 너희 자신의 것이 아니라 값으로 산 것이 되었으니 그런즉 너희 몸으로 하나님께 영광을 돌리라"(고전 6:19~20)

말씀 실천하기

* 말씀을 보고, 듣는 시간을 늘리려는 구체적인 계획을 세우겠습니까?
* 회개의 역사가 나타나기 위하여 어떻게 하겠습니까?

합심 기도하기

* 개인주의적 신앙에서 벗어나 하나님의 교회를 위하여 헌신하게 하소서.
* 주의 법을 깨달아 날마다 회개의 역사를 체험하게 하소서.

너희 길과 행위를 바르게 하라

본문 말씀 렘 7:1~11

이룰 목표
- 하나님의 복 안에 거하기 위해서는 바른 예배가 선행되어야 함을 안다.
- 바른 예배를 통해 믿음과 행위가 일치하는 신앙생활을 한다.

말씀 살피기
- 하나님께서는 예레미야에게 무엇을 선포하라고 하셨습니까?(2절)
- 하나님께서는 무엇을 하면 약속의 땅에서 살게 하겠다고 말씀하셨습니까?(3절)
- 거짓 선지자들의 헛된 말을 강조하시면서 3번이나 사용한 말은 무엇입니까?(4절)

소그룹예배 인도 순서

사도신경	다 같이
찬　송	536장(통 326)
기　도	회원 중
본문 말씀	렘 7:1~11
새길 말씀	렘 7:3
헌금 찬송	325장(통 359)
헌금 기도	회원 중
주기도문	다 같이

말씀 나누기

예레미야 선지자는 주전 6세기경 유다에서 예언하던 선지자입니다. 예레미야를 가리켜서 흔히 '고독의 선지자' 또는 '눈물의 선지자' 라고 부릅니다. 이스라엘 백성들이 죄악으로 인해 점점 타락해 가는 모습을 보면서 예레미야는 안타까워하며 회개를 촉구하는 눈물 어린 예언의 말씀을 전합니다.

당시 유다는 하나님을 섬긴다고 하면서 거짓된 종교 의식에 빠졌으며, 그 결과 하나님께서 받지 않으시는 잘못된 제사를 드렸습니다. 그러면서도 그들은 바르게 하나님을 섬기고 있다는 착각에 빠져있었습니다. 유다는 중심에 우상을 섬겼습니다. 반면 하나님은 형식적으로 섬겼습니다. 그러면서도 하나님을 잘 섬기고 있다고 말했습니다. 즉 자신들의 도덕적인 부패를 정당화하기 위해 하나님께 제사를 드리며 절기를 지켰습니다. 결국 하나님께서 허락하신 마지막 기회까지도 잃어버리게 되었습니다. 말씀을 통해 하나님께서 권면하시는 말씀이 무엇인가 살펴보도록 하겠습니다.

1. 예레미야는 성전을 향해 들어가는 백성들에게 권면하기 시작했습니다

예레미야가 예언 활동을 하는 첫 장면이 특이합니다. 하나님께서는 예레미야에게 "너는 여호와의 집 문에 서서 이 말을 선포하여 이르기를 여호와께 예배하러 이 문으로 들어가는 유다 사람들아 여호와의 말씀을 들으라"(2절)고 하셨습니다. 예레미야는 성전 문턱에서 성전을 향하여 들어오는 그 백성들을 향하여 외치기 시작합니다.

당시 요시아 왕은 예루살렘 성전을 아름답게 가꾸고 백성들에게 모든 절기 때마다 예루살렘 성전에 모여서 예배를 드리도록 명령했습니다. 그래서 전국 각지에 흩어졌던 백성들은 절기 때마다 예루살렘에 찾아와 아름답게 꾸며진 성전 안에서 예배를 드렸습니다. 그런데 세월이 지나가면서 유다 백성들의 예배는 법에 의한 의무적이고 형식적인 예배로 치우치게 되었습니다. 유대인들은 "이것이 여호와의 성전이라 여호와의 성전이라 여호와의 성전이라"(4절)고 외치면서 여호와의 성전에 와 있는 것으로 예배가 다 된 것으로 생각하였습니다. 그래서 예레미야 선지자는 성전 문에 서서 성전을 향하여 형식적이고 의무적으로 예배하러 들어가는 백성들을 안타깝게 여기고 올바른 예배의 생활을 권면했습니다.

예배는 신앙생활의 기본이며 중심입니다. 예수님을 믿는 믿음과 진리의 말씀대로 살겠다는 헌신과 결심을 가지고 예배를 드려야합니다. 예배시간에 참여하는 것만으로 예배가 드려지는 것은 아닙니다. 믿음으로 드리는 예배가 하나님을 기쁘시게 하는 예배입니다. 하나님은 믿음의 예배를 드리는 백성을 사랑하시고 복을 주십니다.

"하나님은 영이시니 예배하는 자가 영과 진리로 예배할지니라"(요 4:24)

2. 예레미야는 길과 행위를 바르게 하라고 권면합니다

하나님께서는 예레미야를 통해 이스라엘 백성들에게 말씀하시기를 "너희 길과 행위를 바르게 하라"고 구체적으로 말씀 하셨습니다(3절). 성전에 와 있지만 이스라엘 백성들은 외형적인 모습일 뿐이었습니다. 하나님의 계명을 성실하게 지키지 않는 삶 가운데 있으면서도 하나님의 전에 들어와서 있으니 구원을 얻었다고 말합니다. 하나님은 이를 가증하다고 하셨으며 성전이 도둑의 소굴이 되었다고 하셨습니다. 3절 말씀을 공동번역에서는, "너희는 생활태도를 고쳐라. 그래야 나는 너희를 여기에서 살게 하리라"고 기록했습니다. 예배를 통해 나쁜 생활태도, 잘못된 생활방식을 바꿔야 합니다. 예배를 드리고 성전 밖으로 나갈 때는 변화된 모습으로 나가야 합니다. 예배드리기 전의 모습과 예배드린 후의 모습은 달라야 합니다. "너희는 생활태도를 고쳐라"는 이 말씀을 명심해야 합니다.

그리스도인들은 믿음과 행동이 일치하지 못함에서 오는 문제 앞에 책임을 통감해야 합니다. 그러므로 하나님의 백성들은 언제나 하나님께서 가장 미워하시는 위선적인 신앙을 경계해야 합니다. 하나님께서 받지 않으시는 형식적인 종교행위는 단호하게 거부하며 하나님의 자녀로서의 바른 예배를 드려야 합니다.

"영혼 없는 몸이 죽은 것 같이 행함이 없는 믿음은 죽은 것이니라"(약 2:26)

3. 약한 자를 존중히 여길 것을 권면하고 있습니다

하나님은 예레미야를 통해 "이방인과 고아와 과부를 압제하지 아니하며 무죄한 자의 피를 이곳에서 흘리지 아니하며 다른 신들 뒤를 따라 화를 자초하지 아니하면 내가 너희를 이곳에 살게 하리니 곧 너희 조상에게 영원무궁토록 준 땅에니라"(6~7절)고 설득합니다. 이방인은 유대 사회에서 따돌림을 받는 소외된 사람들이며, 고아는 의지할 곳이 없는 자입니다. 또한 과부는 가난의 상징이며, 무죄한 자는 하나님의 의로운 백성을 가리킵니다. 이들은 마땅히 보호를 받아야 하는 사람들이지만 보호해 줄 사람이 없습니다. 그러므로 이들을 업신여기지 말라고 말씀하셨습니다.

산업사회의 발전으로 모든 것이 대형화, 규격화, 기능화 되었습니다. 무엇이든 많고 크고 유능한 것이 위대하게 보이고, 적은 것은 미비하게 보는 현상입니다. 그러나 성경은 작은 것의 가치를 존중히 여깁니다. 예수님은 낮고 천하고 힘들어하고 고통당하는 자를 찾으셨습니다. 그러므로 그리스도인들은 어려움을 겪고 외롭게 살아가는 그 사람을 찾아가서, 그 사람의 친구가 되어야 하며, 작은 자를 존중히 여겨야 합니다.

하나님께서 성전 문으로 들어가는 자들에게 주신 말씀은 "길과 행위를 참으로 바르게 하면"(5절), "이곳에 살게 하리라"(7절)는 약속입니다. "이곳에"는 좁은 의미로는 '성전'을 의미하고, 넓은 의미로는 하나님께서 그들에게 주신 '약속의 땅'을 의미합니다. 그러나 이 말이 어떤 의미로 사용되었든지 "이곳에 살게 하리라"는 약속은 유다에게 복된 약속입니다. 왜냐하면 성전에서 산다는 것은 하나님의 임재 가운데 산다는 것을 의미하기 때문이고, 약속의 땅에 산다는 것은 곧 축복을 의미하기 때문입니다. 이와 같은 하나님의 약속대로 유다가 하나님이 주시는 복 안에 거하기 위해서는 무엇보다 먼저 길과 행위를 바르게 해야 합니다. 그러므로 그리스도인들은 예배와 믿음과 행위가 일치하는 신앙생활, 이웃을 존중히 여기는 삶을 살아야 합니다.

> "임금이 대답하여 이르시되 내가 진실로 너희에게 이르노니 너희가 여기 내 형제 중에 지극히 작은 자 하나에게 한 것이 곧 내게 한 것이니라 하시고"(마 25:40)

말씀 실천하기

* 예배드릴 때, 순서마다 진실하게 참여하고 있습니까?
* 성전 밖에서도 예배하는 삶을 살아가고 있습니까?

합심 기도하기

* 매 순간 감동 있는 예배를 드리게 하소서.
* 삶 전체가 하나님께 예배드리는 것처럼 살아가게 하소서.

31 힘의 원천

본문 말씀 왕상 17:1~7

이룰 목표
- 엘리야가 심한 박해 속에서도 승리한 비결을 배운다.
- 하나님의 능력을 믿고 강하고 담대한 신앙생활을 하는 성도가 된다.

말씀 살피기
- 엘리야는 이스라엘의 어느 곳에서 살며 활동을 했습니까?(1절)
- 엘리야는 아합에게 무엇을 두고 맹세하며 선포했습니까?(1절)
- 하나님께서는 엘리야에게 어느 곳으로 가서 숨으라고 하셨습니까?(3절)

소그룹예배 인도 순서

사도신경	다 같이
찬 송	420장(통 212)
기 도	회원 중
본문 말씀	왕상 17:1~7
새길 말씀	왕상 17:1
헌금 찬송	352장(통 390)
헌금 기도	회원 중
주기도문	다 같이

말씀 나누기

엘리야는 주전 9세기에 이스라엘 길르앗에서 활동한 예언자입니다. 그와 관계된 기록 중 이스라엘 제7대 왕인 아합과 그의 처인 이세벨과 싸운 이야기는 유명합니다. 아합은 우상 숭배의 본고장이라고 할 수 있는 두로 왕의 딸 이세벨을 아내로 맞아들이면서 예전보다 더욱 하나님을 대적했습니다. 이세벨은 아합의 왕후로 올 때 바알과 아세라 우상을 가져왔고 수도인 사마리아에 거대한 바알 신전을 다시 건축했습니다. 그리고 개인적으로 바알 제사장 450명을 육성시켜서 하나님을 믿는 사람들을 찾아내어 처형했습니다. 박해가 너무 심해지자 하나님을 믿는 선지자들은 양과 염소의 가죽을 쓰고 피신해 다니다 잡혀 죽어갔습니다. 바로 이러한 때에 엘리야가 나타나서 자신이 여호와 하나님의 선지자라고 하면서 아합과 이세벨에 대한 하나님의 심판을 선언하고 나섰습니다. 목숨을 내건 용기가 아니고서는 할 수가 없는 일이었습니다. 이러한 그의 용기의 내면에는 하나님을 믿는 신앙의 힘이 있었습니다. 엘리야가 어떻게 그러한 믿음의 힘을 가질 수 있었는지 살펴보겠습니다.

1. 엘리야는 하나님께서 살아 계심을 확실히 믿었습니다

1절에 "엘리야가 아합에게 말하되 내가 섬기는 이스라엘의 하나님 여호와께서 살아 계심을 두고 맹세하노니"라고 기록하고 있습니다. 엘리야는 살아 계신 하나님을 믿었기 때문에 아합 앞으로 나아가 담대하게 말하고 도전할 수가 있었습니다. 이 세상에서는 하나님께서 살아 계시다는 것을 확실하게 믿는 믿음보다 신앙인을 강하게 하는 믿음은 없습니다. 엘리야에게 있어서 하나님은 지금도 살아 계셔서 자신과 함께하시는 하나님이셨기 때문에 담대함을 가질 수가 있었습니다.

루터는 교황의 종교정책에 반대하여 1517년 비텐베르크 대학 정문에 95개 조항의 항의문을 부착하면서 종교개혁을 시작하였습니다. 교황청의 강력한 도전과 위협을 받으면서 루터는 '종교개혁이 과연 이루어질 것인가?' 하는 수심에 잠겨 고민했던 적이 있었습니다. 그런 남편의 모습을 본 그의 아내 카타리나는 아무 말 없이 검은 상복 차림을 하고 루터 앞에 나타났습니다. 상복 차림을 한 아내의 모습을 본 루터는 깜짝 놀랐습니다.

"누가 죽었기에 상복을 입었소?" "하나님이 돌아가셨어요."

"무슨 하나님이 돌아가셨단 말이오?" 루터는 아내를 꾸짖었습니다.

그러자 카타리나는 정색을 하며 이렇게 대답했습니다. "만일 하나님께서 돌아가시지 않았다면 당신답지 못하게 이렇게 실의에 빠져 있을 수 있나요?"

아내의 격려를 받은 루터는 용기를 얻어 마침내는 종교개혁을 이룰 수 있었습니다.

오늘날 우리에게 필요한 믿음도 바로 이러한 믿음입니다. 우리가 믿는 하나님은 추상적인 존재가 아닙니다. 살아 계신 하나님이십니다. 예수님도 죽으셨다가 다시 살아나셔서 지금 우리 가운데 계시는 살아 계신 하나님이십니다. 성령님도 지금 우리를 인도하시는 하나님이십니다. 살아 계신 하나님에 대한 믿음으로 무장할 때 어떤 대적도 이길 수 있는 힘의 소유자가 될 수 있습니다.

> "내가 알기에는 나의 대속자가 살아 계시니 마침내 그가 땅 위에 서실 것이라"(욥 19:25)

2. 엘리야는 살아 계신 하나님 앞에 서 있다는 사실을 믿고 있었습니다

엘리야는 "내가 섬기는 이스라엘 하나님"(1절)이라고 고백합니다. 엘리야가 하나님을 섬기는 이유는 자신이 하나님 앞에 서 있기 때문이었습니다. 이 말씀을 영어 성경에는 '내가 서 있는 그 앞에 계신 분' 이라고 번역하고 있습니다. 엘리야는 지금 실제로 아합 왕 앞에 서 있습니다. 그러나 믿음으로 거기에 함께 계시는 하나님을 보고 있습니다. 그리고 아합을 향해 당신도 지금 하나님 앞에 서 있는 존재일 뿐이니 경거망동하지 말라는 경고의 메시지를 주고 있습니다. 인간은 누구든지 언제나 하나님 앞에 서 있는 존재입니다. 죄인에게는 하나님이 두려움이지만, 하나님을 경외하는 자에게는 힘이 됩니다. 엘리야는 하나님을 경외하는 자였기에 이 믿음이 아합을 압도하는 힘으로 역사할 수 있었습니다.

그리스도인들은 언제나 하나님 앞에 있음을 믿어야 합니다. 이 믿음은 우리를 담대하게 하고 강한 힘이 되어 줍니다. 하나님 앞에 서 있다고 하는 믿음을 가지고 사는 자는 반드시 승리합니다. 우리 모두는 하나님 앞에 서 있습니다.

"내가 주의 영을 떠나 어디로 가며 주의 앞에서 어디로 피하리이까 내가 하늘에 올라갈지라도 거기 계시며 스올에 내 자리를 펼지라도 거기 계시니이다 내가 새벽 날개를 치며 바다 끝에 가서 거주할지라도 거기서도 주의 손이 나를 인도하시며 주의 오른손이 나를 붙드시리이다"(시 139:7~10)

3. 엘리야는 하나님을 자신의 힘으로 믿었습니다

엘리야는 '여호와는 나의 힘이다' 라는 뜻을 가지고 있습니다. 그는 자신의 이름처럼 오직 여호와 하나님만이 나의 힘이라는 것을 믿고, 아합왕에게 수 년 동안 비가 오지 않을 것을 전하였습니다. 하나님을 나의 힘으로 믿었기에 하나님께 힘을 구하고 담대하게 행동할 수 있었습니다.

세상에는 돈에서 힘을 구하는 사람, 지식에서 힘을 구하는 사람, 권력에서 힘을 구하는 사람들이 많습니다. 그들은 하나님이 나의 힘이라는 사실을 믿지 않기 때문에 돈, 지식, 권력에 의지 합니다. 그러나 그러한 힘들은 오래가지도 못하고 선하지도 못합니다. 엘리야는 하나님을 자신의 힘으로 믿었기에 강한 믿음의 힘을 가질 수가 있었습니다. 오직 하나님을 힘으로 삼는 자만이 참된 힘을 소유할 수 있음을 믿어야 합니다. 또한 이 믿음으로 세상의 죄악과 어떤 악한 영도 이기는 강하고 담대한 성도의 삶을 살아야 합니다.

"나의 힘이신 여호와여 내가 주를 사랑하나이다"(시 18:1)

말씀 실천하기

* 삶의 선택의 순간마다 하나님께 결정권을 드리고 있습니까?
* 매일의 삶 속에서 주님을 향한 믿음을 고백하고 있습니까?

합심 기도하기

* 엘리야와 같은 강력한 믿음의 힘을 주소서.
* 하나님을 믿는 믿음이 삶 속에서 실현되게 하소서.

엘리야의 경건의 삶

본문 말씀 왕하 1:1~16

이룰 목표
- 경건의 삶이 무엇인가 배우고 실천한다.
- 개인의 경건에서 말씀을 전파하는 경건의 삶까지 성장한다.

말씀 살피기
- 아하시야 왕의 경건하지 못한 모습은 무엇입니까?(1~8절)
- 선지자 엘리야의 경건은 무엇입니까?(9~16절)

소그룹예배 인도 순서

사도신경	다 같이
찬 송	384장(통 434)
기 도	회원 중
본문 말씀	왕하 1:1~16
새길 말씀	왕하 1:15~16
헌금 찬송	461장(통 519)
헌금 기도	회원 중
주기도문	다 같이

말씀 나누기

본문 말씀은 크게 두 부분으로 나뉩니다. 전반부(1-8절)는 아하시야 왕의 경건하지 못한 모습을 기록하고 있으며, 후반부(9~16절)는 선지자 엘리야의 경건의 삶에 대하여 기록하고 있습니다. 전, 후반부가 극명하게 대비를 이룸으로 하나님이 원하시는 경건의 삶이 무엇인가를 정확하게 보여주고 있습니다. 또한 후반부에서도 아하시야가 엘리야를 잡아오려고 3차에 걸쳐 오십부장을 보냈는데, 1차와 2차 때 오십 부장과 3차 때 오십 부장의 태도를 통하여 다시 한 번 대조를 이룸으로 하나님이 심판만을 강조하고 있는 것이 아니라 하나님의 자비에 대해서도 함께 보여주고 있습니다. 즉 3차로 보낸 오십 부장은 엘리야에게 은총을 간구한 결과 저주를 면하게 됩니다(13~14절). 이는 곧 온 이스라엘이 우상과 완악함을 버리고 여호와께 돌아와 회개하면 언제나 구원의 은총을 받을 수 있다는 것을 보여주고 있습니다(요 3:17).

성경에서의 경건(godliness)은 한결같이 '하나님께 대한 인간의 태도'를 뜻하는 말로 쓰이고 있습니다. 엘리야를 통하여 하나님이 원하시는 경건의 삶이 무엇인가 살펴보겠습니다.

1. 구별된 삶을 사는 것입니다

성도라는 말은 '구별된 사람'이라는 뜻입니다. 그래서 참된 성도는 어떠한 불의와도 타협하지 않고, 세속에 물들지 않아야 합니다(약 1:27). 엘리야의 구별됨은 의복과 장소에서 확연하게 나타나 있습니다(8~9절). 마지막 선지자 세례 요한도 낙타털 옷을 입고 허리에 가죽띠를 띠고, 광야에서 기거하며 거침없이 하나님의 말씀을 선포하며 구별된 삶을 살았습니다(마 3:1~9). 하나님은 성도들에게 "내가 거룩하니 너희도 거룩하라"고 명령하셨습니다(벧전 1:16). 거룩은 구별이요, 곧 경건의 시작입니다.

하나님의 거룩한 백성들인 성도들은 항상 경건에 힘쓰고 애쓰는데, 세상의 악한 영들은 온갖 불의와 불법으로 세상과 타협하고 세속에 물들게 미혹하며 어렵게 만듭니다. 그러나 세상이 아무리 악하다 할지라도 그 속에서 구별된 경건의 삶을 살아야 하는 것이 성도의 도리입니다. 이는 마치 배가 바다 위에 떠 있을 지라도 배 안에 물이 침투하지 못하는 것과 같이 세상에서 살아가더라도 세상의 악한 물결을 막으며 거룩함을 지켜가는 것이 바로 성도의 마땅한 삶의 자세라는 것입니다.

"하나님 아버지 앞에서 정결하고 더러움이 없는 경건은 곧 고아와 과부를 그 환난 중에 돌보고 또 자기를 지켜 세속에 물들지 아니하는 그것이니라"(약 1:27)

2. 말씀에 순종하는 것입니다

엘리야는 언제든지 하나님의 지시에 의존했습니다. 경건이란 자신의 의지를 전적으로 주님께 복종시켜 그분의 뜻에 따라서 사는 것입니다(15절). 주의 뜻보다 자신의 생각과 가치가 앞서고, 주의 말씀보다 자신의 의지와 경험을 따라 행동하는 사람은 경건한 생활을 한다고 할 수 없습니다. 참된 경건은 하나님의 영광과 하나님의 뜻이 드러나게 되어 있습니다. 여기서 우리가 간과하지 말아야 할 것은 엘리야는 지금 끊임없는 깊은 기도(교제, 소통)를 통하여 여호와의 지시를 받고 있다는 것입니다. 그러므로 말씀 순종의 전제는 바로 깊은 기도에 있습니다.

사도행전 10장에서 경건한 사람 고넬료도(2절) 기도하는 중에 하나님의 사자의 음성을 듣고, 곧바로 순종하여 욥바로 하인 둘과 경건한 부하 하나를 보내서(7절) 베드로를 초청해 복음의 말씀을 듣는 것을 볼 수 있습니다. 이와 같이 하나님은 주의 말씀을 듣고 순종하는 경건한 사람들을 통하여 구원의 역사를 이루십니다. 경건의 삶이 바로 말씀과 기도의 삶입니다(딤전 4:5).

"하나님의 말씀과 기도로 거룩하여짐이라"(딤전 4:5)

3. 말씀을 담대히 전하는 것입니다

엘리야는 왕의 사자들에게 여호와의 말씀을 가감 없이 그대로 선포했습니다(6절). 고대 왕정시대에 왕에게 직언을 한다는 것은 위험천만한 일이었습니다. 하지만 엘리야는 주저하거나 머뭇거리지 않고 이 일을 행하였습니다(16절). 대부분의 그리스도인들은 구별된 삶은 살지만 한걸음 더 나아가 말씀을 담대히 전파하는 일에는 약합니다. 우리는 때를 얻든지 못 얻든지 복음을 전파하는 일에 항상 힘써야 합니다(딤후 4:2). 나 혼자 예수 잘 믿고 구원받으라고 예수님이 십자가에 죽으시고 부활하셔서 구원을 베풀어 주셨다면 뭔가가 부족합니다. 이것을 넘어서 나를 통하여 땅 끝까지 복음을 전파하도록 명령하셨고, 성령을 통하여 권능까지 주셨습니다(행 1:8). 이것이 경건의 능력입니다.

사도 바울은 주 예수께 받은 사명, 곧 은혜의 복음을 증언하는 일을 마치기 위해서 자기 생명을 조금도 귀한 것으로 여기지 않았던 경건한 주님의 제자였습니다(행 20:24). 그래서 마지막 서신서에서 디모데에게 "무릇 그리스도 예수 안에서 경건하게 살고자 하는 자는 박해를 받으리라"(딤후 3:12)고 말합니다. 죄악 된 세상과 복음은 반대가 되기 때문에 경건한자는 세상으로부터 박해를 받는다는 것입니다. 그럼에도 복음은 담대히 전해야 됩니다. 복음을 전하는 자가 분명히 알아야 될 것은 십자가는 '하나님의 능력' 이라는 사실입니다(고전 1:18).

"십자가의 도가 멸망하는 자들에게는 미련한 것이요 구원을 받는 우리에게는 하나님의 능력이라"(고전 1:18)

말씀 실천하기

* 경건한 삶을 위해 말씀과 기도 훈련 계획을 구체적으로 세우겠습니까?
* 한 주간 어떻게 복음의 말씀을 담대히 전파하겠습니까?

합심 기도하기

* 말씀과 기도로 주님과 끊임없는 교제의 삶을 살게 하소서.
* 성령 충만하여 담대히 복음의 말씀을 전하게 하소서.

하나님이 원하시는 섬김(봉사)

본문 말씀 왕하 4:8~16

이룰 목표
- 하나님이 원하시는 봉사와 섬김을 배운다.
- 섬김과 동역이 무엇인가 배우고 실천한다.

말씀 살피기
- 수넴 여인은 엘리사를 어떻게 섬겼습니까?(8, 10절)
- 수넴 여인은 엘리사를 어떤 사람으로 알았습니까?(9절)
- 엘리사는 수넴 여인의 어떤 소원을 들어 주었습니까?(12~16절)

소그룹예배 인도 순서

사도신경	다 같이
찬　송	197장(통 178)
기　도	회원 중
본문 말씀	왕하 4:8~16
새길 말씀	왕하 4:13
헌금 찬송	212장(통 347)
헌금 기도	회원 중
주기도문	다 같이

말씀 나누기

본문 말씀은 선지자 엘리사를 극진히 대접한 수넴 여인의 헌신적인 섬김의 모습을 소개하고 있습니다. 갈멜산과 이스라엘 사이를 자주 왕래하는 엘리사를 위해 정성껏 음식을 대접하고 쉴 수 있는 작은 방까지 마련한 수넴 여인의 아름다운 섬김은 상상치 못한 축복을 가져다주었습니다(12~16절). 당시 이스라엘 사회에서 아들을 낳지 못한 여인은 큰 수치를 안고 살아갈 수밖에 없었습니다(삼상 1:6~7). 따라서 자신의 섬김에 대해 그 어떤 보상도 기대치 않고 있던 수넴 여인에게 엘리사는 아들을 낳게 될 것이라는 놀라운 축복의 예언을 합니다.

한편 수넴 여인이 아들을 낳게 될 것이라는 엘리사의 예언은 그녀의 남편이 이미 늙어 자녀를 낳을 수 없기 때문에(14절) 놀라운 이적을 전제로 하는데, 이는 아브라함이 부지중에 천사를 대접하여 아들 이삭을 얻는 과정과 매우 흡사합니다(창 18:1~15, 21:1~7). 이러한 과정을 통해 하나님이 원하시는 봉사와 섬김이 무엇이며, 얼마나 큰 복의 출발점이 되는지 배울 수 있습니다(마 25:40).

1. 간권하여 섬겼습니다

엘리사가 수넴에 이르렀을 때에 한 귀한 여인이 엘리사를 간권하여 음식을 먹게 하였다고 기록하고 있습니다.(8절). "간권하여"라는 용어는 성경에서 '강하다'(삼하 16:21) 혹은 '강하게 하다'(신 31:6)라는 의미로 쓰이고 있습니다. 그러므로 이것은 수넴 여인이 마지못해서 또는 머뭇거리면서 섬긴 것이 아니라, 자원하여 적극적으로 섬겼다는 것을 의미합니다. 수넴 여인이 엘리사에게 정성껏 음식을 대접하는 일이나, 그를 위하여 작은방을 만들고 쉴 곳을 예비하는 일들과 태도는 "아끼는 마음을 품지 말고 섬기라"는 성경의 원리와도 일치합니다(신 15:10). 그러므로 섬김은 자원하여 열심히 베풀어야 합니다. 이런 섬김은 어떤 의무감에 의한 속박에서 나온 것이 아닙니다. 하나님의 은혜로 말미암아 예수 그리스도의 사랑에서 출발하는 것입니다(마 22:39).

> "너는 반드시 그에게 줄 것이요, 줄 때에는 아끼는 마음을 품지 말 것이니라. 이로 말미암아 네 하나님 여호와께서 네가 하는 모든 일과 네 손이 닿는 모든 일에 네게 복을 주시리라"(신 15:10)

2. 대가를 바라지 않고 은밀히 섬겼습니다

수넴 여인은 엘리사를 대접하되 아무런 대가를 바라지 않고 섬겼습니다. 수넴 여인에게 엘리사가 무엇을 하여 주기를 원하느냐고 물었을 때, 아무 문제없이 잘 살고 있으니 마음 쓰지 말라고 대답했습니다(13절). 이것이 진정한 섬김입니다. 그러나 대부분의 사람들은 뭔가 대가를 바라고 행동을 합니다. 교회 안에서도 대가를 바라고 봉사와 섬김을 하는 성도들이 있습니다. 이것은 신앙생활이 아니라 종교생활입니다. 그러므로 우리는 남을 대접하고 섬기는 일에 있어서 어떤 대가를 바라면서 일하지 않도록 주의해야 합니다.

"우리를 위하여 세심한 배려를 하는도다"(13절)라는 말씀처럼 수넴 여인은 함부로 떠벌리면서 섬겼던 것이 아니라, 조심스럽고 은밀하게 그리고 하나님을 경외하는 심령으로 섬겼던 것을 알 수 있습니다. 예수님께서도 구제할 때는 오른 손의 하는 것을 왼손이 모를 정도로 은밀하게 하라고 가르쳤습니다(마 6:1~4). 은밀하게 섬기는 자는 은밀한 중에 보시는 하나님께 대한 진정한 경외의 표현입니다. 또한 은밀한 중에 계시는 하나님께서 갚아주시는 체험을 하게 됩니다. 본문 말씀의 수넴 여인은 아들을 낳게 되는 축복을 받게 됩니다(17절).

> "너는 구제할 때에 오른손이 하는 것을 왼손이 모르게 하여 네 구제함을 은밀하게 하라 은밀한 중에 보시는 너의 아버지께서 갚으시리라"(마 6:3~4)

3. 함께 섬겼습니다

수넴 여인은 엘리사의 거처할 방을 짓기 위해 그의 남편과 의논했습니다(9~10절). 남편도 그 일을 선하게 여겨 그녀와 함께 섬겼습니다. 이것이 동역입니다. 이들 부부는 거처할 곳이 필요한 하나님의 종을 위해 방을 함께 자원하여 지어서 드렸습니다. 방 안에 모든 것을 준비해 엘리사 선지자가 쉬면서 책도 읽고 묵상도 할 수 있도록 했습니다. 이렇게 수넴 여인과 남편은 한마음으로 그들의 부요함을 주의 종 엘리사를 위해 사용함으로 아들을 얻는 복을 받았습니다(시 133:1~3).

오늘날 그리스도인들의 개인 신앙은 좋은데 공동체(교회) 신앙은 약합니다. 자신을 위한 기도는 잘 하는데 남을 위한 기도는 어려워합니다. 혼자 경건의 시간(Q.T)을 갖고 신앙 생활하는 것은 잘 하는데 서로 교제하며 떡을 떼는 것은 불편해 합니다(행 2:42). 그러나 예수님이 제자들을 사랑하며 섬겼던 것처럼 서로를 배려하며 섬길 수 있다면 얼마든지 공동체 안에서 연합할 수 있습니다. 예수님께서는 "진실로 다시 너희에게 이르노니 너희 중의 두 사람이 땅에서 합심하여 무엇이든지 구하며 하늘에 계신 내 아버지께서 그들을 위하여 이루게 하시리라"(마 18:19) 약속하셨습니다. 그래서 예수님의 제자들은 마음을 같이하여 오로지 기도하는 가운데 성령의 충만을 받고 초대교회를 세웠습니다(행 1:14, 2:1, 4:31).

> "보라 형제가 연합하여 동거함이 어찌 그리 선하고 아름다운고 ... 헐몬의 이슬이 시온의 산들에 내림 같도다 거기서 여호와께서 복을 명령하셨나니 곧 영생이로다"(시 133:1, 3)

말씀 실천하기

* 하나님이 원하시는 섬김을 위해 무엇부터 시작하겠습니까?
* 섬김의 대상을 위해 구체적으로 어떤 계획을 세우겠습니까?

합심 기도하기

* 주님의 은혜와 사랑으로 섬기며 봉사하게 하소서.
* 자원하여 은밀하게 그리고 함께 동역하게 하소서.

치료하시는 하나님

본문 말씀 호 7:1~7

이룰 목표
- 이스라엘의 죄악을 보시면서도 치료하시고자 하시는 하나님의 마음을 배운다.
- 부르짖으라는 하나님의 명령과 마음을 알고 실천한다.

말씀 살피기
- 하나님께서 이스라엘을 치료하시고자 할 때에 드러난 죄는 무엇입니까?(1~2절)
- 멸망을 자각하지 못하는 백성들은 무엇과 같습니까?(4절)
- 하나님은 나라가 비참한 상황에 빠져 있음에도 어떤 자가 없다고 탄식하셨습니까?(7절)

소그룹예배 인도 순서

사도신경	다 같이
찬　　송	386장(통 439)
기　　도	회원 중
본문 말씀	호 7:1~7
새길 말씀	호 7:7
헌금 찬송	276장(통 334)
헌금 기도	회원 중
주기도문	다 같이

말씀 나누기

호세아서는 북 이스라엘이 영적뿐만 아니라 사회적으로 타락했을 때 그 죄악을 지적하고, 하나님의 심판과 이스라엘의 멸망을 경고하면서 회개를 강력하게 촉구하는 말씀입니다. 그 중 호세아 7장은 이스라엘 백성들이 하나님께 범죄한 내용을 지적합니다. 특히 정치적 지도자들의 죄악을 강하게 책망하고 있습니다. 당시 강력한 왕 체제에서 정치적 지도자들을 책망하고 정죄하는 것은 위험한 일이었음에도 호세아 선지자는 하나님의 명령을 따라 지도자들의 잘못을 분명하게 지적하면서 회개하고 하나님께로 돌아오라고 합니다.

본문은 이처럼 하나님의 은혜를 거절하고 하나님으로부터 멀어져가는 어리석은 이스라엘의 모습을 보여 주고 있습니다. 하나님께서 이스라엘의 죄악을 치료하려고 하셨을 때 그들의 죄가 낱낱이 드러나게 되었고, 비로소 이스라엘은 중병에 걸린 사실을 알게 되었습니다. 이를 통해 얻을 수 있는 교훈을 세 가지로 살펴보겠습니다.

1. 하나님을 떠난 개인, 사회, 국가는 부패로 치닫습니다

1절에 "내가 이스라엘을 치료하려 할 때에 에브라임의 죄와 사마리아의 악이 드러나도다"라고 말씀합니다. '이스라엘을 치료하신다' 는 뜻은 죄악을 회개시키기 위한 예언자들의 책망과 훈계입니다. 즉 지금이라도 죄를 회개하고 돌아오면 용서하시겠다는 하나님의 의지로써 범죄한 백성들에 대한 치료를 뜻합니다. 이스라엘을 치료하려고 하니 에브라임의 죄악들과 사마리아의 사악함이 드러남을 말씀하십니다. 에브라임은 북왕국의 왕족을 뜻하고, 사마리아는 북왕국의 수도로써 지도층의 세계를 의미합니다.

병을 진단해 보니 가볍게 치료할 상태가 아니었습니다. 그들은 거짓을 행했습니다. 진실하신 하나님을 떠나면 개인이나 사회나 국가에 거짓이 가득합니다. 즉 정직과 진실은 자취를 감추게 되고 남을 속이는 거짓이 득세합니다.

안으로 들어와 도적질하고 밖으로 떼 지어 노략질한다고 했는데, 안으로 들어와 도적질한다는 말은 왕실과 지도층의 내부적 부패를 의미합니다. 이들은 이를 정당한 것처럼 받아들였습니다. 그리고 밖으로 떼 지어 노략질한다는 말은 백성들 간에 만행되는 각종 죄악을 의미합니다. 도적질을 두려워하지 않고 한낮에 내놓고 떼 지어 합니다. 이처럼 백성들의 죄악이 하나님의 목전에 있고 또 하나님이 심판 계획을 갖고 계시지만 그 백성들은 그것을 알지 못할 만큼 무지합니다.

> "너희 딸들이 음행하며 너희 며느리들이 간음하여도 내가 벌하지 아니하리니 이는 남자들도 창기와 함께 나가며 음부와 함께 희생을 드림이니라 깨닫지 못하는 백성은 망하리라"(호 4:14)

2. 지도자들의 타락으로 국력이 약해졌습니다

3절에 "그들이 그 악으로 왕을 그 거짓말로 지도자들을 기쁘게 하도다"라고 말씀합니다. 여기서 '그들'이란 제사를 행하면서 도적질하고 노략질하는 무리를 가리킵니다. 이스라엘은 지도자들이 부패와 타락에 앞장섭니다. 왕을 움직이고 유력자들의 환심을 사기 위하여 악과 거짓을 동원합니다. 또한 떼를 지어 어떻게 하면 권력 가진 사람들을 기쁘게 할까 하며 아첨하기를 일삼았습니다. 그들은 정권을 손에 쥐고 있는 왕과 지도자들을 기쁘게 하고 그들의 비위를 맞추기 위해 도둑질로 얻은 그 물건을 상납하는가 하면 포악한 자들을 기쁘게 하려고 온갖 부패와 부정을 자행합니다.

지도자들은 계속해서 죄의 자리에 머물러 있습니다. 하나님의 공의를 행하여 무질서한 사회를 바로 잡아야 하는 위치에 있음에도 불구하고 오히려 악한 자들의 거짓 아첨을 좋아합니다. 또한 부도덕한 행위로 얻어지는 이득에만 눈이 멀었습니다. 힘 있는 자들은 수단과 방법을 다 동원하여 이득을 얻고, 힘없는 백성들은 아무런 보호도 없이 속수무책으로 당하기만 합니다.

이들을 향해 하나님은 "저희가 다 간음하는 자라"(3절)고 책망하십니다. 즉 왕과 백성들이 일체가 되어 우상숭배에 빠진 상태입니다. 지도자들의 타락은 결국 국력을 쇠하고 적의 침공을 불러일으키는 원인입니다.

"그런데 이스라엘 족속아 마치 아내가 그의 남편을 속이고 떠나감 같이 너희가 확실히 나를 속였느니라 여호와의 말씀이니라"(렘 3:20)

3. 부르짖어야 고침받습니다

이스라엘의 첫 번째 죄악은 왕, 지도자, 백성 모두의 간음입니다. 여기서 간음이란 우상 숭배와 도덕적 타락을 말합니다. 두 번째는 멸망을 자각하지 못했습니다. 본문에 "과자 만드는 자에 의해 달궈진 화덕과 같도다. 그가 반죽을 뭉침으로 발효되기까지만 불 일으키기를 그칠 뿐이니라"(4절)고 했는데, 이 말씀은 시뻘겋게 달궈진 화덕처럼 이스라엘 백성이 모두 죄 가운데 있음을 의미합니다. 달궈진 화덕이 그들을 멸망시킬 상황인데도 그것을 깨닫지 못하고 화덕에 죄악의 불을 계속해서 붙이고 있는 현상을 가리켜서 달궈진 화덕과 같다고 했습니다. 또한 극도의 향락에 빠졌습니다. "우리 왕의 날에 지도자들은 술의 뜨거움으로 병이 나며 왕은 오만한 자들과 더불어 악수하는도다"(5절)라고 말씀합니다. 뜨거운 술은 독주와 극도의 방탕을 의미합니다.

그러면 이러한 상황에서 하나님의 백성은 어떻게 해야 하겠습니까? '부르짖으라'는 것이 호세아서의 결론입니다. 타락, 범죄, 중병의 문제보다 더 심각한 것은 부르짖는 자가 하나도 없었다는 것입니다. 이 말씀에는 하나님의 탄식과 책망이 담겨있습니다. 나라가 비참한 상황에 빠져 있음에도 불구하고, 지도자와 백성들 중 그 어느 누구도 하나님을 찾는 자가 없으니 극도의 절망 상태입니다. 그만큼 영적 무지함 속에 묻혀 살고 있었습니다.

그리스도인들은 하나님의 심판을 생각하면서 위정자들을 위해 더욱 기도해야 합니다. 늘 하나님을 의식하며 하나님 뜻을 구하는 위정자들이 되도록 부르짖어야 합니다. 부르짖으면 용서받습니다. 부르짖으면 건져 주신다고 말씀하십니다. 이 사회를 위해 기도해야 할 사명이 교회에 주어졌고 그리스도인들에게 그 책임이 주어졌습니다.

"환난 날에 나를 부르라 내가 너를 건지리니 네가 나를 영화롭게 하리로다"(시 50:15)

말씀 실천하기

* 그리스도인으로서 경건 생활을 위해 어떤 수고를 하고 있습니까?
* 생활 속에 작은 죄라도 용납하지 못하도록 조심하고 있습니까?

합심 기도하기

* 나라와 위정자들을 위해 내가 먼저 깨어 기도하게 하소서.
* 내게 주시는 고난과 징계를 회개의 기회로 삼게 하소서.

주의 법을 사랑하는 자에게는 큰 평안이 있으니
그들에게 장애물이 없으리이다(시편 119:165)

왕국멸망시대

PART 4

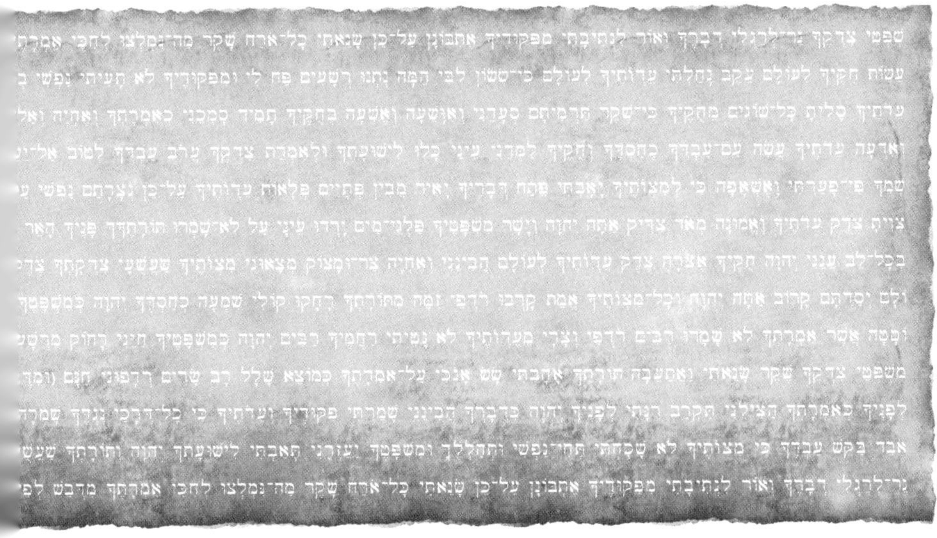

그날 밤에

본문 말씀 에 6:1~9

이룰 목표
- 하나님이 일하시는 방법을 본다.
- 하나님의 시간에 치유하시고 회복시키심을 안다.

말씀 살피기
- 아하수에로 왕이 밤에 읽은 것은 무엇입니까?(1절)
- 아하수에로 왕이 기록에서 발견한 내용은 무엇입니까?(2절)
- 모르드개는 왕으로부터 어떤 존귀한 대우를 받게 됩니까?(8~9절)

소그룹예배 인도 순서

사도신경	다 같이
찬 송	445장(통 502)
기 도	회원 중
본문 말씀	에 6:1~9
새길 말씀	에 6:3
헌금 찬송	336장(통 383)
헌금 기도	회원 중
주기도문	다 같이

말씀 나누기

에스더서는 세상의 힘이 이기는 것 같지만 결국 믿음이 승리함을 보여주는 극적인 반전이 기록 된 말씀입니다. 하만과 모르드개 사이에서 반전이 시작된 말씀을 세밀하게 읽다보면 에스더 6장 1절 "그날 밤"이라는 부분에서 전율을 느낍니다. 왜 하필이면 그날 밤에 아하수에로 왕은 도무지 잠을 이룰 수가 없었을까요? 그리고 왜 궁중실록에서 암살사건의 내용이 적힌 부분을 읽게 되었을까요? 하나님을 모르는 사람들은 이런 것을 기가 막힌 우연이라고 말하겠지만, 창조와 역사의 주인이신 하나님의 섭리 안에서 우연이란 없습니다. 하나님의 때는 너무

나도 정확하고 빈틈이 없습니다. 하나님의 시간에 하나님의 방법으로 어떻게 일하시는지를 살펴보겠습니다.

1. 잠 못 이루는 밤에도 주님은 일하십니다

아하수에로 왕이 잠을 이루지 못하고 왕실의 모든 움직임을 기록한 일기를 읽었습니다. 그 때는 모르드개의 동족인 유대 민족을 몰살시키고자 하는 하만의 계략을 이미 허락한 상황이었습니다. 이 절묘한 상황 속에서도 유대민족을 향한 하나님의 역사는 이루어지고 있습니다.

하나님은 암담한 현실을 모르는 체하며 구경만 하지 않으십니다. 모든 상황과 환경에 대처 할 수 있도록 하나님께서는 이미 밑그림을 완성하셨습니다. 때문에 아무 것도 아닌 것 같은 상황과 환경 속에서도 하나님의 계획은 여전히 진행 중 입니다. 다만 마음에 아직 확실하게 다가오지 않아 실감하지 못하는 것뿐입니다.

지금 아하수에로 왕이 읽는 왕실의 일기 속에 모르드개의 의로운 일이 기록 되어 있었다는 사실은 곧 죽을 위험에 처한 모르드개도 알지 못한 일입니다. 그러나 하나님은 모르드개가 처한 오늘의 고통스러운 환경 이전에 왕실의 일기를 통해 모르드개의 회복과 구원을 위한 준비를 이미 다 하셨습니다. 그것도 모르드개가 장대에 달려 죽기로 정해진 날의 전 날 밤에 이루어졌습니다. 우연히 일어나는 일은 없습니다. 하나님의 섭리와 인도가 있을 뿐입니다.

> "룻이 가서 베는 자를 따라 밭에서 이삭을 줍는데 우연히 엘리멜렉의 친족 보아스에게 속한 밭에 이르렀더라"(룻 2:3)

2. 세상 상급이 없는 이유는 주님이 주시는 큰 복을 얻고자 함입니다

모르드개가 대궐 문에 앉아 있을 때, 문을 지키던 두 내시가 원한을 품고 왕을 암살하려고 음모를 꾸미는 것을 알게 되었습니다. 모르드개는 이 사실을 왕후 에스더에게 말했습니다. 왕후 에스더는 이 반란의 사건을 모르드개의 이름으로 알렸으며, 이로 인해 왕의 생명을 구했습니다(에 2:21~23). 모르드개의 고발로 왕을 죽이려는 음모는 실패로 끝이 났습니다. 그리고 이 사건이 궁중일기에 자세하게 기록되어졌습니다. 왕의 생명을 구하는 큰 공을 세웠으나 모르드개는 아무런 보상도 받지를 못했습니다. 그럼에도 불평불만 없이 자신의 일을 충실히 수행했습니다. 모르드개는 아무런 보상을 받지 못했지만 하나님은 위급한 순간에 아하수에로 왕을 사용하셔서 모르드개에게 가장 큰 것으로 보상하게 하셨습니다. 원수의 사기를 꺾으시고 모르드개를 높여 주십니다. 지금 당장 상급이 없다고 불평하기보다는 하나님의 계획과 역사를 기대하고 인내하면서 맡겨진 일에 최선을 다해야 합니다. 모르드개에게 이미 어떠한 보상이 있었더라면 아마도 왕으로부터는 큰 상급을 받지 못했을 것입니다.

지금도 하나님께서는 우리가 모르는 그 어떤 계획을 이루고 계십니다. 그러므로 어떤 결과가 바로 눈에 보이지 않을지라도 하나님의 계획을 믿음으로 바라보며 맡겨진 일을 감당해야 합니다.

> "믿음이 없이는 하나님을 기쁘시게 하지 못하나니 하나님께 나아가는 자는 반드시 그가 계신 것과 또한 그가 자기를 찾는 자들에게 상 주시는 이심을 믿어야 할지니라"(히 11:6)

3. 주님이 원수를 갚아 주시고 회복시킵니다

모르드개와 유대인을 몰살하려는 계획을 품고 있는 하만에게 아하수에로 왕은 왕이 존귀하게 하기를 원하는 사람에게 어떻게 하여야 하겠냐고 묻습니다. 하만은 왕이 내리실 영광스런 명예는 자신의 몫이라고 생각하고 왕에게 다음과 같이 제시합니다. 왕의 가장 높은 대신이 그 사람에게 왕의 옷과 왕관을 씌워주고, 왕이 타는 말에 태워서 직접 고삐를 잡아 수산 도성을 다니면서 "왕께서 영예를 주시려고 하는 사람에게는 이렇게 상을 베풀어 주신다!" 고 외치도록 하라는 것입니다. 결국 하만은 자신이 죽이려고 계획했던 모르드개를 왕의 말에 태워 모시고 다니며 도성에서 그를 높이고 다니게 합니다. 하나님은 가장 위급한 순간에 모든 상황을 바꾸어 버립니다. 원수를 갚아주시고 어려움 속에서 회복시켜 주십니다.

에스더와 그의 민족인 유대인들의 "죽으면 죽으리라" 결단하며 금식으로 기도할 때 하나님은 은혜를 베풀어 주셨습니다. 지금도 하나님 나라를 위해 충성하는 자에게 하늘의 상급을 베풀어 주십니다. 주님은 기도하는 자를 외면하지 않으십니다. 원수를 갚아 주시고 회복시키십니다.

"내 사랑하는 자들아 너희가 친히 원수를 갚지 말고 하나님의 진노하심에 맡기라 기록되었으되 원수 갚는 것이 내게 있으니 내가 갚으리라고 주께서 말씀하시니라"(롬 12:19)

말씀 실천하기

* 하나님의 인도하심을 믿고 하나님께 맡기는 삶을 살겠습니까?
* 회복하게 하시는 하나님을 믿고 기도하는 삶을 살겠습니까?

합심 기도하기

* 모든 것을 하나님께 맡기고 결단하며 기도할 수 있도록 인도하여 주소서.
* 사람들에게 인정받기보다 하나님을 바라보는 영안을 열어 주소서.

36 마른 뼈들의 부활사건

본문 말씀 겔 37:1-14

이룰 목표
- 그리스도인들이 지녀야 할 믿음의 자세를 배운다.
- 그리스도인들이 추구해야 할 올바른 믿음의 방향을 점검한다.

말씀 살피기
- 당시의 상황은 어떤 상황이었습니까?(1-2절)
- 하나님께서 에스겔에게 어떤 말씀을 하셨습니까?(4-6절)
- 죽고 사는 것은 누구의 손에 달려 있습니까?(12-14절)

소그룹예배 인도 순서

사도신경	다 같이
찬　송	545장(통 344장)
기　도	회원 중
본문 말씀	겔 37:1-14
새길 말씀	겔 37:4
헌금 찬송	337장(통 363장)
헌금 기도	회원 중
주기도문	다 같이

말씀 나누기

에스겔 33~39장은 하나님의 은혜로 '선택한 민족'에 대한 회복을 예언하고 있습니다. 그 내용을 보면 "하나님께서 자신의 양을 구원하고 양육하신다(34:1~16), 이스라엘의 선한 양떼가 종말론적 복락을 누린다(34:17~31), 선민의 원수들이 멸망 받으나 이와 대조적으로 선민은 회복된다(35:1~36:15)" 등의 이스라엘의 미래에 대한 영광의 예언들이 다양하게 기록되었습니다. 그 가운데 '마른 뼈들의 부활사건'은 이스라엘 백성들의 회복을 확증하는 가장 극적이고 확실한 예언의 말씀입니다. 본문 말씀을 통하여 우리가 주목해야 할 것은 당시의 절망적인 시대적 상황 속에서도 '하나님께서는 신실하신 계획을 가지시고 일하셨다'는 것입니다. 그리고 그 계획을, 하나님의 뜻으로 믿고 실행한 에스겔 선지자를 통해서 이루셨습니다. 당시처럼 혼탁하고 어지러운 이 시대에 하나님의 뜻을 이루는 믿음의 사람으로서 어떤 태도를 가져야 할지 살펴보겠습니다.

1. 자신에게는 어떠한 소망도 없음을 깨달았습니다

하나님께서는 인간의 힘으로는 극복할 수 없는 절망적인 상황들을 계속해서 보여 주십니다(1~2절). 그리고 이 모든 상황들이 인간의 생각으로 해결될 수 있느냐고 질문하십니다(3절). 즉 하나님께서는 어떠한 역사를 일으키시기 전에 철저히 이 상황들이 인간의 능력으로는 할 수 없음을 보고, 고백하게 하십니다. 그리고 하나님의 일하심으로 인간이 전능하신 하나님의 영광을 경험하게 하십니다.

이러한 하나님의 사역하심을 잘 보여주는 사례가 마가복음 5장의 혈루병에 걸린 여인의 사건입니다. 이 여인은 12년간이나 혈루증을 앓아왔고, 그 기간 동안 많은 의사도 만나보고, 자신의 모든 것을 쏟아 부어 고쳐보려고 했지만 아무 효험이 없었고 도리어 더 중하여 졌습니다(막 5:25~26절). 우리가 이 말씀을 통해 알 수 있는 것은 하나님께서는 이 고통의 기간을 통하여 이 여인에게 세상의 그 무엇도 자신에게 소망이 될 수 없음을 깨닫게 하셨습니다. 그 과정이 있었기에 이 여인은 예수님께서 인정하시는 믿음을 소유할 수 있었습니다. 진정한 믿음의 사람으로 거듭나는 과정에서 나 자신에게는 그 어떠한 소망도 없고, 오직 주님께만 소망이 있음을 깨닫게 됩니다.

"믿음의 주요 온전케 하시는 이인 예수를 바라보자 그는 그 앞에 있는 기쁨을 위하여 십자가를 참으사 부끄러움을 개의치 아니하시더니 하나님 보좌 우편에 앉으셨느니라"(히 12:2)

2. 행동하는 믿음의 과정이 필요합니다

하나님께서는 에스겔 선지자에게 추상적으로 말씀하지 않으셨습니다. 이 예언의 말씀을 나가서 대언하라고 명령하셨습니다(4절). 하나님께서는 믿음의 성도들에게 은혜주시고 회복을 허락하시지만 그 과정 가운데 훈련해야 하는 것도 있음을 분명히 말씀하셨습니다. 창세기 17장에서 하나님께서는 아브라함에게 믿음의 조상이 되리라는 언약을 맺으셨습니다(4~5절). 그러나 그 언약을 이루기까지 수많은 과정을 거칩니다. 특별히 아브라함에게 아들 이삭을 바치라고 말씀하셨습니다(창 22:1). 지금 아브라함에게 주어진 시험은 추측하건데 아브라함의 전부를 내어놓는 시험이었을 것입니다. 이 과정을 잊지 말아야 합니다.

하나님께서는 새로운 축복의 시대를 여실 때, 새로운 언약을 성취하실 때는 그냥 열지 않으십니다. 마른 뼈들이 살아나려면 하나님의 말씀을 마른 뼈들에게 믿음으로 담대히 대언하는 과정이 필요하고, 믿음의 조상이 되기 위해선 자신의 모든 것보다 주님을 사랑한다는 믿음의 고백과 선택의 과정이 반드시 필요합니다. 그러나 이 과정은 말처럼 쉬운 것이 아닙니다. 때로는 힘들고 두렵기도 하겠지만 우리를 사랑하셔서 독생자를 십자가에 내어주신 주님을 바라보며, 모든 것을 내어드리는 믿음의 결단과 행동의 과정이 꼭 있어야 합니다.

> "우리 조상 아브라함이 그 아들 이삭을 제단에 바칠 때에 행함으로 의롭다 하심을 받은 것이 아니냐 네가 보거니와 믿음이 그의 행함과 함께 일하고 행함으로 믿음이 온전하게 되었느니라" (약 2:21~22)

3. 하나님의 계획(뜻)을 따르는 믿음입니다

하나님께서는 에스겔 37장 말씀을 통해서 하나님의 원대한 계획을 말씀하십니다. 마른 뼈들의 부활 사건을 통하여 이스라엘의 소망을 회복하시고, 두 막대기를 연결하는 환상을 통하여 이스라엘과 유다가 합쳐지는 그리스도의 왕국을 계획하셨습니다. 이와 같이 하나님께서는 그리스도인들을 통하여 교회와 이 나라, 더 나아가 하나님의 나라를 향한 원대한 계획을 가지고 계십니다. 이제 그리스도인들은 이 원대한 하나님의 계획을 전인적인 가치로 내걸고 따라야 합니다. 그러기 위해서는 사람이 보기에 합당하고 올바른 계획을 좇는 것이 아니라, 하나님께서 이루기 원하시는 원대한 계획이 무엇인지 깨달아 끊임없이 그 뜻을 이루기를 소망해야 합니다.

예수님께서 바리새인과 외식하는 자들을 책망하고 꾸짖으신 이유가 무엇입니까? 그들은 하나님의 나라와 의를 갈망하고 간구한 것이 아니라, 자신들의 의와 사람들로부터 받는 인정에 초점이 맞추어져 있었기 때문입니다(마 6:17~18). 지금 믿음의 방향이 어디를 향하고 있는지 점검해야 합니다. 개인의 유익과 사람들의 칭찬에 초점을 둔 것인지, 아니면 하나님 나라를 향한 원대한 계획을 향한 것인지를 말씀 앞에서 진지한 점검을 해야 합니다.

"너희는 먼저 그의 나라와 그의 의를 구하라 그리하면 이 모든 것을 너희에게 더하시리라"(나 6:33)

말씀 실천하기

* 자신을 내려놓는 믿음의 결단을 위해 무엇을 실천하겠습니까?
* 교회, 가정, 직장에서 하나님의 계획(뜻)에 어떻게 순종하시겠습니까?

합심 기도하기

* 오직 예수만이 나의 소망임을 알게 하소서.
* 삶속에서 하나님의 뜻을 따르는 부활의 역사를 경험하게 하소서.

신앙의 위기와 극복의 비결

본문 말씀 단 3:13~30

이룰 목표
- 사드락과 메삭과 아벳느고가 신앙의 위기를 극복할 수 있었던 비결을 배운다.
- 어려운 환경에서도 끝까지 신앙의 길을 가는 그리스도인이 된다.

말씀 살피기
- 느부갓네살이 금 신상에게 절하지 않으면 어떻게 하겠다고 했습니까?(15절)
- 느부갓네살이 풀무불을 평소보다 몇 배나 뜨겁게 하라고 했습니까?(19절)
- 풀무불에 던져진 다니엘의 세 친구는 어떻게 되었습니까?(27절)

소그룹예배 인도 순서

사도신경	다 같이
찬　　송	421장(통 210)
기　　도	회원 중
본문 말씀	단 3:13~30
새길 말씀	단 3:17~18
헌금 찬송	384장(통 434)
헌금 기도	회원 중
주기도문	다 같이

말씀 나누기

유대 왕 여호야김 때에 바벨론 왕 느부갓네살은 예루살렘을 함락하고 유대의 귀족들을 비롯한 인재들을 사로잡아가 바벨론 문화를 가르쳤습니다. 또한 느부갓네살은 바벨론 제국의 권위와 왕의 위엄을 드러내기 위한 거대한 금 신상을 세우고 제막식 날부터 모든 신하와 백성들로 하여금 그 금 신상 앞에 절하도록 명령을 내리면서, 왕명을 어기면 뜨겁게 타오르는 풀무불에 넣어 죽이겠다고 위협했습니다. 그러나 다니엘의 세 친구인 사드락, 메삭, 아벳느고는 이러한 위협 앞에서도 굴하지 않고 믿음으로 승리

합니다. 사드락, 메삭, 아벳느고가 풀무불의 위협 앞에서도 굴하지 않고 강하고 담대한 믿음으로 대적들 앞에 설 수 있었던 신앙의 비결이 무엇인가 살펴보겠습니다.

1. 타협하지 않는 신앙이었습니다

사드락과 메삭과 아벳느고가 금 신상에게 절을 하지 않았다는 참소를 들은 느부갓네살은 노하여 이 세 사람을 끌고 오라고 명령한 후 직접 심문합니다. 그러면서 "사실이냐"(14절)고 질문합니다. 느부갓네살은 감히 자기가 누구인데 자기가 내린 명령을 이 사람들이 어길 수 있겠는가 하는 생각에 자기도 믿어지지 않았습니다. 느부갓네살은 두 가지 면으로 이 세 사람에게 말합니다. 하나는 지금이라도 엎드려 절하면 살려 주겠다고 회유합니다. 그러나 만일 절하지 아니하면 즉시 맹렬히 타는 풀무불 가운데에 던져 넣겠다고 협박합니다. 그런데 이런 풀무불이라는 시련 앞에서 다니엘의 세 친구는 "느부갓네살이여 우리가 이 일에 대하여 왕에게 대답할 필요가 없나이다"(16절)고 대답합니다. 이 말은 하나님의 절대적인 법이 있는데 절하느냐 안하느냐는 거론할 가치가 없으며, 이 일은 양보할 수 없다는 것입니다. 다니엘의 세 친구는 타협하지 않은 절대적인 신앙이 있었기에 회유와 협박에도 담대할 수 있었습니다.

> "네가 어디에 사는지를 내가 아노니 거기는 사탄의 권좌가 있는 데라 네가 내 이름을 굳게 잡아서 내 충성된 증인 안디바가 너희 가운데 곧 사탄이 사는 곳에서 죽임을 당할 때에도 나를 믿는 믿음을 저버리지 아니하였도다"(계 2:13)

2. 하나님의 능력을 믿은 신앙이었습니다

사드락, 메삭, 아벳느고는 "왕이여 우리가 섬기는 하나님이 계시다면 우리를 맹렬히 타는 풀무불 가운데에서 능히 건져내시겠고 왕의 손에서도 건져내시리이다"(17절) 라는 구원에 대한 확고한 믿음의 고백을 했습니다. "우리가 섬기는 하나님"은 곧 유일하신 여호와 하나님을 말합니다. 그들은 하나님께서는 당신이 하시고자 하는 일은 무엇이든지 하실 수 있으며, 또한 당신의 백성과 맺은 언약을 성실히 지키신다는 믿음이 있었기에 하나님이 능히 건져 내실 것이라고 말했습니다.

세 친구는 이스라엘의 하나님이신 여호와 하나님은 세상 모든 것을 주관하시고 자기백성을 구원하시는 분이심을 믿었습니다. 그렇기에 금 신상에게 절하지 아니하면 풀무불에 던져 죽이겠다고 협박하는 느부갓네살에게 어떤 환경 속에 있을지라도 당신의 백성을 구원하시는 하나님의 능력을 선포했습니다. 그리스도인들에게도 이러한 신앙이 필요합니다. 전능하신 하나님을 믿으면 무슨 일을 만나든지 어떤 환경에 놓이든지 전능하신 하나님은 구원하신다는 믿음을 가지고 살아야 합니다.

"여호와여 주의 기이한 일을 하늘이 찬양할 것이요 주의 성실도 거룩한 자들의 모임 가운데에서 찬양하리이다. 무릇 구름 위에서 능히 여호와와 비교할 자 누구며 신들 중에서 여호와와 같은 자 누구리이까"(시 89:5~6)

3. 순교의 신앙이 있었습니다

사드락, 메삭, 아벳느고는 더 나아가 "그렇게 아니하실지라도 왕이여 우리가 왕의 신들을 섬기지도 아니하고 왕이 세우신 금 신상에게 절하지도 아니할 줄을 아옵소서"(18절)라고 느부갓네살에게 대답했습니다. 세 사람은 하나님이 건져 주시지 아니할지라도 우상 앞에 절하지 않겠다고 했습니다. 풀무불에 들어가 살이 다 타고 뼈가 녹아내려 흔적이 없을지라도 하나님의 뜻을 어길 수 없기에 절할 수 없다는 것입니다. 이들은 무서운 위협 앞에서도 동요되지 않고 단호한 믿음으로 형

장으로 나아갔습니다. 평소보다도 칠 배나 더 뜨겁게 달군 풀무불 속에 던져졌으나 머리털 하나 그을리지 않도록 하나님이 보호해 주셨습니다. 결국 이 순교적인 신앙이 풀무불도 이겨냈습니다. 다니엘의 세 친구는 바벨론 지방을 다스리는 젊은이들 이었습니다. 그들은 살고 싶었을 것입니다. 그러나 하나님께 죄를 짓는 것보다 고난을 택하고 죽음의 길을 택했습니다. 이 세 사람의 신앙은 순교 신앙입니다. 순교란 신앙을 위해 죽는 것입니다. 믿음의 절개를 위해서 목숨까지도 버립니다.

하나님은 그리스도인에게 타협 신앙이 아닌 순교 신앙을 요구하십니다. 타협하는 신앙생활은 처세술이 뛰어난 것처럼 보일 수 있으나 하나님 앞에서는 부끄러운 모습입니다. "그렇게 아니하실지라도"라고 고백한 세 친구처럼 하나님의 뜻과 나의 소원이 다를 때는 하나님의 뜻이 이루어지기기를 바라야 합니다. 그리스도인들은 이런 믿음의 용기와 담대한 신앙을 가져야 마귀를 이기고, 죄를 이기고, 세상을 이기는 승리의 생활을 할 수가 있습니다.

> "가라사대 아빠 아버지여 아버지께는 모든 것이 가능하오니 이 잔을 내게서 옮기시옵소서 그러나 나의 원대로 마옵시고 아버지의 원대로 하옵소서 하시고"(막 14:36)

말씀 실천하기

* 어떠한 상황 속에서도 하나님을 변함없이 신뢰하고 사랑할 수 있는 믿음이 있습니까?
* 하나님께서 고난을 감당할 수 있는 믿음과 힘주심을 믿고 승리하며 살고 있습니까?

합심 기도하기

* 삶 속에 고난이 있을지라도 하나님이 함께 하심을 기억하게 하소서.
* 범사에 하나님을 인정하는 믿음 있는 그리스도인이 되게 하소서.

다니엘의 신앙

본문 말씀 단 6:1~10

이룰 목표
- 다니엘의 신앙을 배우고 실천한다.
- 다니엘의 신앙의 원천이 무엇인지 배우고 실천한다.

말씀 살피기
- 다니엘은 어떤 사람이었습니까?(2~5절)
- 어떤 사람을 사자 굴에 던져 넣기로 했습니까?(7절)
- 다니엘은 조서에 왕의 도장이 찍힌 것을 알고도 어떻게 했습니까?(10절)

소그룹예배 인도 순서

사도신경	다 같이
찬 송	370장(통 455장)
기 도	회원 중
본문 말씀	단 6:1~10
새길 말씀	단 6:10
헌금 찬송	542장(통 484장)
헌금 기도	회원 중
주기도문	다 같이

말씀 나누기

벨사살 왕의 죽음과 함께 바벨론 제국은 무너졌습니다. 동시에 새로운 제국 메대가 역사의 주역으로 등장했습니다(단 5:30~31). 그러나 유다 민족에게 달라진 것은 조금도 없었습니다. 그들은 여전히 바벨론 제국에 이어 메대 제국의 예속에서 벗어나지 못하고 있었고 신앙적인 시련도 겪었습니다. 본문 말씀에 나타나는 다니엘의 신앙의 시련이 당시 대표적인 상황이라고 할 수 있습니다. 그러나 반대로 생각하면 이 시련은 오히려 하나님께 그의 신실한 신앙을 확인받는 계기가 되었습니다. 사자 굴에 들어가면서까지 만천하에 드러난 다니엘의 신앙은 어떤 신앙이었는지 함께 살펴보겠습니다.

1. 윤리 도덕적으로 깨끗한 사람이었습니다

다니엘은 바벨론 제국에서 요직을 맡았던 자이므로 새로운 제국의 등장과 함께 관직을 박탈당하거나 죽었어야 했습니다. 그러나 오히려 더 높은 관직에 올랐습니다. 그 이유는 "다니엘은 마음이 민첩하여 총리들과 고관들 위에 뛰어나므로"(3절)였습니다. 그러나 이것으로 인하여 다른 총리들과 고관들의 견제와 시기의 대상이 되었습니다. 이에 다니엘을 고소할 틈을 얻고자 하였으나 아무 틈과 허물을 찾지 못했습니다(4절). 다니엘은 직무 수행에 있어서나 윤리적인 생활에 있어서 완벽했습니다. 마치 동료들과 대적 자들에게 감시받을 것을 미리 알기나 하듯이 깨끗하고 성실하게 살았습니다.

적지 않은 그리스도인들이 신앙은 하나님과만 바르게 관계를 맺으면 되는 것으로 오해하는 경향이 있습니다. 그래서 하나님께 대한 신앙적 의무만 성실히 수행하고 도덕적 생활은 무너진 그리스도인들을 봅니다. 이것은 신앙생활이 아니라 종교생활입니다. 바른 신앙에는 다니엘처럼 반드시 신앙을 동반한 윤리적 생활이 따라야 합니다.

"이같이 너희 빛이 사람 앞에 비치게 하여 그들로 너희 착한 행실을 보고 하늘에 계신 너희 아버지께 영광을 돌리게 하라"(마 5:16)

2. 타협하지 않는 신앙인이었습니다

다니엘의 생활에서 흠을 발견하지 못한 총리들과 고관들은 음모를 꾸몄습니다. 그것은 다리오 왕 외에는 한 달 동안 아무 신에게나 사람에게 절하지 못하게 하는 금령을 세우는 일이었습니다. 이들의 간악한 음모를 전혀 모르는 다리오 왕은 그 금령에 도장을 찍었습니다. 메대와 바사의 규례는 매우 엄한 것으로 왕도 한번 도장을 찍으면 바꾸지 못하는 것인데, 다니엘은 이를 알면서도 예루살렘을 향한 창문을 열어

놓고 하루 세 차례 기도를 합니다(10절). 우리의 생각으로는 지혜롭게 한 달만 참고 다시 하나님께 기도하면 되지 않겠느냐 생각할 수 있습니다. 그러나 다니엘은 모세처럼 개인의 안락한 현실을 즐기기보다 하나님과 민족의 고난에 동참하기를 더 원했습니다(히 11:25~26). 그래서 구차하게 타협하거나 피해가지 않고 대적 자들이 보는 앞에서 당당하게 전에 행하던 대로 기도했습니다.

이렇게 할 수 있었던 것은 다니엘에게 세상의 것들보다 하나님을 더 두려워하는 신앙이 있었기 때문입니다. 이런 사람은 세상이 감당하지 못합니다(히 11:38). 이것이 우리 믿음의 선진들이 가졌던 하나님을 경외하는 신앙입니다.

> "도리어 하나님의 백성과 함께 고난 받기를 잠시 죄악의 낙을 누리는 것보다 더 좋아하고 그리스도를 위하여 받는 수모를 애굽의 모든 보화보다 더 큰 재물로 여겼으니 이는 상 주심을 바라봄이라"(히 11:25~26)

3. 기도의 사람이었습니다

다니엘이 사자굴 속에 들어가게 된 이유가 무엇입니까? 하나님께 기도했기 때문입니다. 다니엘에게 기도는 양보하거나 타협의 대상이 아니었습니다. 왜 그렇습니까? 기도는 다니엘의 신앙과 삶의 원천이었기 때문입니다. 이런 기도의 배경이 있었기 때문에 윤리적으로 깨끗한 사람이 될 수 있었습니다. 또한 기도할 때 하나님께서 공급하시는 지혜로 말미암아 민첩하고 누구보다 뛰어난 사람이 된 것입니다(3절). 어떻게 두려움과 고난 앞에서 타협하지 않고 당당히 하나님께 전처럼 기도할 수 있었습니까? 기도의 능력입니다.

다니엘의 기도는 첫 번째, 시간을 정해놓고 지속적으로 하는 기도였습니다. 다니엘은 하루 세 번씩 규칙적인 습관에 따라 기도했습니다.

쉬지 말고 기도하는 것은 지속적 기도를 말합니다(살전 5:17). 이것이 신앙의 저력을 만들었습니다. 키에르케고르는 "우리는 기도할 때 처음에는 말하는 것인 줄로 생각한다. 그러나 점점 더 그윽한 경지에 이르면 결국 기도는 듣는 것임을 깨닫게 된다." 라고 했습니다. 다니엘의 기도는 이 상황 가운데서 나를 구출해 달라는 기도가 아니라, 하나님의 뜻과 계획을 듣고자 하는 기도였습니다. '듣는 기도' 이것이 다니엘이 시간을 정하여 쉬지 않고 기도할 수 있었던 비밀이기도 합니다.

두 번째, 다니엘의 기도는 감사였습니다(빌 4:6). 포로 후 지금까지 인도하신 하나님께 감사했습니다. 부족한 나를 통하여 하나님의 뜻을 이루게 하심을 감사했습니다. 끝으로 어려움을 이기게 하실 하나님을 믿고 감사했습니다. 우리는 가끔 고난의 때, 세상을 따르고 싶은 유혹에 마음이 흔들리거나 따라가기도 합니다. 그러나 다니엘의 감사는 어떠한 상황 속에서도 타협 하지 않는 견고한 삶, 거룩한 삶을 살게 했습니다. 감사가 승리하는 삶을 살게 합니다.

"아무것도 염려하지 말고 다만 모든 일에 기도와 간구로, 너희 구할 것을 감사함으로 하나님께 아뢰라 그리하면 모든 지각에 뛰어난 하나님의 평강이 그리스도 예수 안에서 너희 마음과 생각을 지키시리라"(빌 4:6~7)

말씀 실천하기

* 매일 세상의 빛과 소금의 역할을 어떻게 감당하고 있습니까?
* 타협하지 않는 신앙인이 되기 위해 무엇을 실천하겠습니까?

합심 기도하기

* 하나님과 사람 앞에서 부끄럽지 않는 신앙인으로 날마다 거듭나게 하소서.
* 항상 기뻐하며 범사에 감사하는 기도의 사람 되게 하소서.

39 이스라엘의 귀환

본문 말씀 대하 36:22~23

이룰 목표
- 역사의 주인이신 하나님만 의지한다.
- 죄인들이 돌아오기를 기다리시는 하나님의 은혜와 사랑을 기억하며 성결한 삶을 산다.

말씀 살피기
- 이스라엘은 어느 나라의 포로였습니까?(렘 25:11; 대하 36:22)
- 이스라엘의 포로 생활은 몇 년 동안 이어졌습니까?(렘 25:11)
- 고레스는 어느 나라의 왕이었습니까?(스 1:1)

소그룹예배 인도 순서

사도신경	다 같이
찬　송	525장(통 315)
기　도	회원 중
본문 말씀	대하 36:22~23
새길 말씀	사 45:13
헌금 찬송	378장(통 430)
헌금 기도	회원 중
주기도문	다 같이

말씀 나누기

유다의 요시야 왕 재위 13년부터 여호야김 왕 재위 4년까지 23년 동안 하나님께서는 여러 선지자들을 통해 우상숭배를 하지 말 것과 여러 가지의 악행을 버리고 돌아오라고 외쳤습니다. 그러나 백성들은 듣지 않았습니다. 결국 그들은 바벨론에 포로로 끌려가 고난을 받게 됩니다. 고난 가운데 회개하고 구원을 위한 간절한 기도에 하나님께서는 이스라엘을 구원하십니다. 이와 같이 죄를 짓고, 심판이 임하고, 회개하고, 구원받는 패턴은 이스라엘 역사에 지속적으로 반복되어 나타나고 있습니다. 하나님께서 이스라엘을 심판하시는 것은 멸망시키기 위함이 아니라 회개시키고 구원하시는 하나님의 사랑입니다.

바벨론에서 70년 동안 포로생활을 하는 이스라엘을 구원하기 위해 하나님은 바사제국의 초대 왕 고레스를 사용하심으로 이스라엘 포로들을 본토로 돌려보내는 결정을 내리게 하셨습니다. 노예로 부리던 사람들을 아무 조건 없이 본토로 돌려보내는 고레스의 결정 동기와 이스라엘 백성이 어떻게 귀환하게 되었는지를 살펴보겠습니다.

1. 이스라엘의 귀환은 하나님의 예정된 일이었습니다

하나님께서는 여러 선지자들을 통해서 우상숭배하지 말고 모든 악행을 버리고 하나님께 돌아오라고 말씀하셨습니다. 백성들이 돌이키지 않자 결국 하나님은 예레미야 선지자를 통해 심판을 선포하십니다. 바벨론 왕 느부갓네살을 통해 유다가 망하고 백성들은 포로로 끌려가서 고난을 받을 것이라고 예언합니다. 하지만 이 심판은 이스라엘의 멸망을 위한 심판이 아니었습니다. 하나님께로 돌이키기 위한 연단의 심판이었습니다.

70년 후에는 포로에서 벗어나 이스라엘을 회복하게 될 것이라고 하셨습니다. 하나님은 이처럼 심판의 기한을 정하셨을 뿐만 아니라 소망의 말씀도 주셨습니다. 그리고 그 예언은 고레스 왕을 통해 이루어 졌습니다. 22절에 나와 있는 대로 이스라엘 백성들을 본토로 돌려보내라는 고레스왕의 명령은 하나님께서 예레미야의 입을 통해 이미 예언하신 것입니다(렘 25:11; 29:10).

이스라엘 백성이 바벨론의 포로가 된 것도, 70년이 지난 후에 귀향하게 된 것도 모두 하나님의 섭리와 계획, 예언 가운데 이루어진 일입니다. 하나님은 역사의 주인이십니다. 하나님이 역사의 주인이심을 인정하고 하나님의 인도하심을 따라가는 삶을 살아야 합니다.

"내가 너희를 불쌍히 여기리니 그도 너희를 불쌍히 여겨 너희를 너희 본향으로 돌려보내리라 하셨느니라"(렘 42:12)

2. 하나님은 고레스 왕을 통해 일하셨습니다

22절은 여호와께서 고레스 왕의 마음을 감동시키셨다고 기록하고 있습니다. 하나님으로부터 마음이 감동된 고레스는 이스라엘 백성들에게 아무 조건 없이 본토로 귀환하라는 명령을 내립니다. 그리고 고레스는 하나님께서 유다 예루살렘 성전 건축을 명령하셨다고 고백합니다. 이처럼 하나님께서는 이스라엘을 구원하시기 위해 이방인 고레스를 사용하셨습니다. 그가 약 200년 전에 하나님께서 고레스의 이름을 부르시며 예언하셨던 이사야 말씀을 읽는다면 경악을 금치 못했을 것입니다(사 45:1~2, 13).

역사의 주인이신 하나님께서는 이방인을 통해서라도 일하십니다. 하나님의 백성이라고 하면서도 실제로 필요한 자리에서는 하나님께 쓰임 받는 도구가 되는 것을 꺼리는 경향이 있습니다. 하나님은 오늘도 일꾼을 부르고 계십니다. 동역할 사역자를 찾고 계십니다. 그 영광의 자리에 쓰임 받는 일꾼이 되어야 합니다.

"내가 또 주의 목소리를 들으니 주께서 이르시되 내가 누구를 보내며 누가 우리를 위하여 갈꼬 하시니 그 때에 내가 이르되 내가 여기 있나이다 나를 보내소서 하였더니"(사 6:8)

3. 이스라엘은 무사히 귀환했습니다

고레스 왕의 칙령으로 고향으로 돌아갈 수 있게 된 이스라엘 백성들은(스 1:11) 의외로 금방 귀환하지 않았습니다. 그 이유는 첫째, 바벨론에서의 안락한 삶의 터전을 버리기가 어려웠기 때문입니다. 둘째, 예루살렘이 황폐화되어 환경이 나빴기 때문입니다. 셋째, 귀향하는 길이 매우 위험했기 때문입니다. 바벨론에서 예루살렘까지 걸어서 5개월 이상 걸립니다. 이런 이유들 때문에 자유를 얻었음에도 불구하고 그 자유를 포기하고 계속 포로생활을 원했습니다. 이것은 마치 출애굽한 이스라엘 백성들이 애굽에서의 노예 생활을 그리워하면서 가나안을 향해 전진하기 보다는 애굽으로 돌아가기를 바랐던 모습과 같습니다.

우리의 모습도 이들과 같지 않은지 점검해 보아야 합니다. 자유와 해방을 주어도 그것이 귀한 줄 모르고 움직이지 않는 백성들에게 하나님은 스룹바벨, 에스라, 느헤미야 같은 지도자들을 통해 귀환을 인도하셨습니다. 하나님이 보내신 지도자들의 인도로 3차례에 걸쳐 9만 5천명 정도가 예루살렘으로 귀환을 했습니다. 결국 하나님의 예언은 이스라엘 백성들의 무사 귀환으로 완성되었습니다.

자유와 해방을 주어도 바벨론에 머물러 있는 이스라엘 백성들을 바라보실 때 하나님의 마음은 답답하고 속상하셨을 것입니다. 소망을 이루어 주셨음에도 불구하고 소망임을 모르는 이스라엘의 모습이 우리 안에도 있지 않은지 점검해 보아야 합니다. 하나님의 음성에 귀를 기울이고 하나님이 보내 주신 영적 지도자들의 인도를 따르는 자만이 하나님이 예비하신 은혜를 누릴 수 있습니다.

"하나님의 음성 곧 그의 입에서 나오는 소리를 똑똑히 들으라"(욥 37:2)

말씀 실천하기

* 하나님을 역사의 왕으로 인정하는 삶을 살겠습니까?
* 죄를 짓지 않는 삶을 살기로 결단하겠습니까?

합심 기도하기

* 인생의 주인 되신 하나님, 우리의 삶을 인도해 주소서.
* 죄를 짓지 않는 힘을 주시고, 죄에서 돌이켜 하나님께로 돌아오게 해 주옵소서.

하나님의 감동

본문 말씀 스 1:1~6

이룰 목표
- 약속의 말씀을 신실하게 이루시는 하나님을 발견한다.
- 주님의 일을 위한 믿음의 동역자를 예비하시는 손길을 본다.

말씀 살피기
- 하나님은 약속의 말씀을 이루시고자 누구를 사용하셨습니까?(1절)
- 하나님께 감동받고 예루살렘에 건축하고자 한 것은 무엇입니까?(5절)
- 백성들은 주의 일에 어떤 마음으로 동참했습니까?(6절)

소그룹예배 인도 순서

사도신경	다 같이
찬　　송	252장(통 184)
기　　도	회원 중
본문 말씀	스 1:1~6
새길 말씀	스 1:1
헌금 찬송	374장(통 423)
헌금 기도	회원 중
주기도문	다 같이

말씀 나누기

기대하지 못했던 일, 혹은 불가능한 일들이 이루어지는 것을 기적이라고 합니다. 이스라엘의 역사 가운데도 도무지 자신들의 힘으로는 생각할 수 없었던 일들이 있습니다. 그것은 포로 귀환과 성전의 재건축입니다. 하지만 이 기적은 이루어 졌습니다. 기적을 이룰 수 있었던 가장 큰 이유는 하나님이 약속하신 말씀 때문입니다. 하나님의 나라를 회복하고 확장하시는 하나님의 감동이 지금 이 순간도 일어나고 있습니다. 하나님의 감동으로 이루어진 역사적 사건을 말씀을 통해 살펴보겠습니다.

1. 하나님은 약속에 신실하십니다

바사 왕 고레스는 바사, 미디아, 이스라엘, 요르단, 시리아, 터키, 파키스탄, 아프가니스탄, 러시아에 이르는 광대한 땅을 다스렸습니다. 또한 왕의 힘이 강력했기에 모든 것을 자기 마음대로 할 수 있었습니다. 이 같은 절대 권력자인 고레스 왕에게 감동이 왔습니다.

그것은 신실하신 하나님의 약속이었습니다. 하나님은 예레미야를 통해 하신 약속, 즉 이스라엘의 귀환과 회복(렘 29:10)을 이루시기 위해 바사 제국 고레스 왕의 마음을 감동시키셨습니다. 그래서 당대 최고 권력자인 고레스는 하나님이 자신에게 세상 나라를 정복할 권세를 주셨음을 인정하며, 예루살렘에 성전을 건축하라고 하신 하나님 명령을 따르려고 조서를 내립니다. 하나님 백성은 하나님이 계신 유다 예루살렘에 돌아가 성전을 건축하라는 것입니다. 또한 바사 주민에게는 은금과 물건과 짐승으로 유다 백성을 도와주고, 성전을 위한 예물도 드리라고 명령합니다.

하나님께서는 약속을 이루시기 위해 모든 상황과 사람의 마음까지도 움직이시는 만물의 주님이십니다.

> "그런즉 너는 알라 오직 네 하나님 여호와는 하나님이시요 신실하신 하나님이시라 그를 사랑하고 그의 계명을 지키는 자에게는 천 대까지 그의 언약을 이행하시며 인애를 베푸시되"(신 7:9)

2. 하나님은 필요를 채워주십니다

70년 동안 멸망했던 유다 민족을 하나님께서 다시 세우고자 유다 백성에게 파괴된 하나님의 성전을 새로 건축하게 하십니다. 또한 잊어버렸던 예배의 회복, 잃어버렸던 신앙의 순수성을 되찾게 하십니다. 하나님은 유다민족을 세우시기 위해 많은 사람들을 사용하시고 인도

하십니다.

낙심하였던 유다와 베냐민 족장들, 제사장들과 레위 사람들이 하나님께 감동되어 성전을 건축하고자 예루살렘으로 떠날 준비를 합니다. 성전 건축을 결단한 하나님 백성이 일어나니, 그 주변 모든 사람들이 그들에게 은금과 물품과 가축과 귀한 선물로 도와주었고 예물도 기꺼이 내어줍니다. 뿐만 아니라 고레스 왕은 전에 바벨론 느부갓네살 왕이 예루살렘 침공 때 전리품으로 탈취한 성전 그릇들을 유다 총독 세스바살에게 넘겨주어 예루살렘으로 가져가게 합니다. 이처럼 하나님의 성전을 건축하는 데 수많은 사람이 감동을 받고 협력합니다. 성령이 주시는 감동에 순종하고 헌신하는 사람들을 통해 하나님의 역사가 이루어집니다. 하나님은 주님의 나라를 세워 가실 때 많은 사람들을 감동하게 하시고 인도하셔서 필요한 모든 것들을 채워주십니다.

> "너는 내게 부르짖으라 내가 네게 응답하겠고 네가 알지 못하는 크고 은밀한 일을 네게 보이리라"(렘 33:3)

3. 하나님은 감동으로 사람을 더하십니다

예루살렘의 성전재건은 한 두 사람의 노력으로는 불가능 합니다. 하지만 하나님의 감동의 역사가 이루어졌습니다. 바로 그분의 백성들이었습니다. 각 성읍에 살던 이스라엘 자손들이 예루살렘에 모여 제사를 드리며 성전을 건축하기 시작했습니다. 이방 사람인 시돈과 두로 사람들도 성전건축에 협력했습니다. 하나님께서는 이미 다 준비해 놓으시고, 그분의 백성들로 하여금 일하도록 하십니다. 하나님께서는 이 일을 이루시기 위해 이방인의 나라까지도 협력하도록 하셨습니다.

하나님께서는 우리가 기도드리기 이전부터 모든 것을 준비해 놓으십니다. 이방 나라의 왕의 마음까지 움직이신 하나님께서는 오늘날에도 동일하게 사람을 통해 역사하십니다. 하나님은 마음이 강퍅한 사람, 온유한 사람 구분 없이 당신의 뜻을 이루기 위해 사용하십니다.

그 주변 사람들도 성전 재건에 기쁨으로 동참하도록 그들의 마음까지 하나님은 주장하십니다. 하나님이 감동을 주시면 하나님 일에 동참하는 수가 더하게 됩니다. 이 같은 역사를 체험하는 교회가 되기 위해서 먼저 감사함으로 하나님께 간구해야 됩니다.

"아무 것도 염려하지 말고 오직 모든 일에 기도와 간구로, 너희 구할 것을 감사함으로 하나님께 아뢰라"(빌 4:6)

말씀 실천하기

* 약속을 지키시는 하나님을 믿고 말씀대로 실천하는 생활을 하고 있습니까?
* 교회를 사랑하시고 세우시는 하나님께 감사함으로 예배드리고 계십니까?

합심 기도하기

* 하나님의 감동으로 주의 일을 돕는 자가 일어나게 하소서.
* 사람을 두려워하지 말고, 그들을 움직이시는 하나님을 바라보게 하소서.

이스라엘의 신앙 부흥 운동

본문 말씀 느 8:1~18

이룰 목표
- 말씀을 사모하며 정기적으로 읽고 묵상한다.
- 날마다 회개하여 성결한 삶을 산다.

말씀 살피기
- 본토로 돌아간 이스라엘이 재건한 두 가지는 무엇입니까? (스 6:13~18; 느 6:15~19)
- 말씀을 깨달은 이스라엘이 처음으로 지키고자 했던 절기는 무엇입니까?(느 8:14~15)
- 에스라가 말씀을 읽으며 하나님의 이름을 높일 때 백성의 태도는 어떠했습니까?(느 8:6)

소그룹예배 인도 순서

사도신경	다 같이
찬 송	205장(통 236)
기 도	회원 중
본문 말씀	느 8:1~18
새길 말씀	느 8:5~6
헌금 찬송	273장(통 331)
헌금 기도	회원 중
주기도문	다 같이

말씀 나누기

이스라엘이 하나님을 떠나 우상을 섬기고 죄악이 가득한 시대를 살아갈 때 그들은 하나님을 잃어버렸습니다. 하나님의 말씀이 상실되고, 하나님의 뜻이 사라졌습니다. 그리고 그들은 나라를 잃어버리고 바벨론의 포로가 되었습니다. 이제 하나님께서 이스라엘 백성들과 그 땅을 회복시키려고 하십니다. 하지만 영토를 회복하는 것만으로는 진정한 회복, 진정한 부흥이라 할 수 없습니다.

이스라엘의 부흥을 위해 하나님께서

는 먼저 학개와 스가랴 선지자의 지도로 성전을 건축하게 하십니다(스 6:13~18). 그리고 느헤미야의 지도 아래 성벽을 재건했습니다(느 6:15~19). 이스라엘 백성의 마음을 하나로 모으고 그들로 하여금 하나님의 성을 재건하는 사명을 온전히 마친 느헤미야는 하나님의 말씀 부흥을 위해 학사 에스라를 세워 신앙의 회복 운동을 주도하게 했습니다. 에스라의 신앙부흥 운동을 바라보면서 오늘날 교회에서도 어떤 일을 계획하던지 반드시 신앙부흥이 함께 동반되어야 함을 깨달아야 합니다. 이를 이루기 위해 무엇이 선행되어야 하는지 살펴보겠습니다.

1. 신앙부흥은 하나님의 말씀을 사모하는 것으로부터 시작됩니다

1절을 보면 이스라엘 백성들이 수문 앞 광장에 모여서 당시의 제사장 겸 성경 학자였던 에스라에게 모세의 율법책을 가지고 오도록 청하였습니다. 그 자리에는 남자 여자 구분 없이 말씀을 들을 수 있는 사람들이 모여 있었습니다(2절).

이스라엘 백성들은 하나님의 사랑과 은혜로 인해 다시 돌아와 성전과 성벽을 재건 할 수 있었음을 뒤돌아 볼 때 감격스러웠습니다. 그들은 겸손한 마음으로 하나님의 말씀 앞에 나아갔습니다. 신앙의 회복을 위해 율법의 말씀을 이른 아침부터 정오까지 읽었습니다. 그리고 그 말씀에 귀를 기울였습니다(3절). 하나님의 말씀을 감히 그냥 들을 수가 없었습니다. 그들은 하나님의 말씀이 펼쳐질 때 모두 일어섰습니다(5절). 에스라가 하나님의 이름을 높일 때 모든 백성들이 손을 들고 아멘으로 응답하고, 몸을 굽혀 얼굴을 땅에 대며 하나님께 경배했습니다(6절). 하나님의 말씀을 사모하는 것, 그것이 바로 신앙부흥 운동의 시작입니다.

신앙부흥 운동을 위해 하나님은 먼저 학사 에스라를 예비하셨고, 그를 통해 하나님의 말씀을 증거 하도록 하셨을 뿐 아니라 에스라를 도와 선포된 말씀을 깨닫도록 가르치는 레위인들을 준비시켰습니다(7절). 그들의 도움과 하나님의 은혜로 백성들은 비로소 말씀을 깨닫게 되었습니다(8절). 말씀을 사모할 때 깨달음의 은혜를 주십니다.

"주의 말씀의 맛이 내게 어찌 그리 단지요 내 입에 꿀보다 더 다니이다" (시 119:103)

2. 신앙 부흥은 회개 운동입니다

하나님의 말씀을 깨닫게 될 때 회개의 역사가 일어나듯 이스라엘 백성들이 모두 울기 시작했습니다. 이스라엘의 회개는 여기에서 멈추지 않았습니다. 느헤미야 9장 1~3절은 그 달 24일에 이스라엘 백성들이 모두 모여 금식하고 베옷을 입고 머리에 흙먼지를 뒤집어썼고, 스스로 모든 이방 사람들과의 관계를 끊고 제자리에 선 채로 자기들의 죄와 자기 조상들의 죄악을 고백했으며, 또 각자의 자리에서 일어서서 낮 시간의 4분의 1은 하나님 여호와의 율법책을 읽고 또 4분의 1은 죄를 고백하며 하나님 여호와께 경배했음을 기록하고 있습니다. 말로만 하는 회개가 아닙니다. 이방인과 잡혼을 하고 교류하면서 이방 문물에 물들게 하고, 이방신을 섬기도록 했던 죄악된 문화와 습관까지도 단절하며 회개했습니다.

회개는 후회가 아닙니다. 죄를 깨닫는 것에서 멈추는 것도 아닙니다. 말로 고백하는 것만으로 회개했다고 말 할 수도 없습니다. 회개는 고백과 함께 죄를 멈추는 행위, 더 나아가 그 죄에 대한 대가를 치르거나 보상을 하고 거룩한 자리로 돌아오는 것입니다. 그리고 다시는 그 죄를 짓지 않겠다는 결단도 포함합니다. 가던 길을 멈추어 서는 것이 아니라 다시 돌아오는 것이 회개입니다. 이스라엘은 진정한 회개 운동을 했습니다. 신앙 부흥은 진정한 회개 운동에서 비롯됩니다.

"그러므로 너희가 회개하고 돌이켜 너희 죄 없이 함을 받으라 이같이 하면 새롭게 되는 날이 주 앞으로부터 이를 것이요"(행 3:19)

3. 신앙 부흥은 말씀 순종과 실천입니다

회개한 이스라엘 백성은 말씀대로 살기로 결심했습니다. 하나님의 말씀을 사모하여 그 말씀을 더욱 밝히 알고 싶었던 백성의 족장들과 제사장들과 레위 사람들은 에스라와 함께 말씀에 나와 있는 하나님의 율법을 준행하고자 결단했습니다(13절). "이스라엘 자손은 일곱째 달 절기에 초막에서 거할지니라"는 말씀대로 행하고 싶었습니다(14절). 왜냐하면 이스라엘의 3대 절기 중 하나인 초막절이 다가왔기 때문입니다. 백성들이 모두 나가서 율법에 기록된 대로 나뭇가지를 가져다가 초막을 짓고 그 안에서 거하며 에스라는 첫 날부터 끝 날까지 날마다 하나님의 율법책을 낭독했습니다(17~18절).

하나님께서 선지자들을 통해 죄악에서 돌이키라고 수 없이 말씀하셨음에도 불구하고 외면했던 백성들이 이렇게 극적으로 변화할 수 있었던 것은 말씀을 사모하여 열심히 읽고 들었기 때문입니다. 이때 깨달음의 은혜를 주십니다. 말씀이 깨달아지면 순종하게 되고, 순종하면 하나님의 복이 임합니다. 이스라엘은 은혜 받는 것에만 머무르지 않고 순종하여 말씀대로 살았습니다.

말씀을 듣고 깨달았지만 삶으로 살아내고 있는지 순간순간 점검해 보아야 합니다. 신앙의 부흥을 원한다면 말씀에 순종하고 실천하는 데까지 나아가야 합니다.

"사무엘이 이르되 여호와께서 번제와 다른 제사를 그의 목소리를 청종하는 것을 좋아하심 같이 좋아하시겠나이까 순종이 제사보다 낫고 듣는 것이 숫양의 기름보다 나으니"(삼상 15:22)

말씀 실천하기

* 매일 하나님의 말씀을 읽고 묵상하는 시간을 갖고 있습니까?
* 말씀을 깨달은 대로 실천하는 순종의 삶을 살겠다는 결단을 하겠습니까?

합심 기도하기

* 하나님의 말씀을 읽고 들을 때, 깨달아지는 은혜가 있게 하옵소서.
* 말씀에 순종하는 믿음과 의지를 주옵소서.

주의 법을 사랑하는 자에게는 큰 평안이 있으니
그들에게 장애물이 없으리이다(시편 119:165)

신약시대

PART 5

죄인의 친구가 되어 주신 예수 그리스도

본문 말씀 마 9:9~13

이룰 목표
- 예수님이 죄인들과 함께하신 것처럼 도움이 필요한 사람들의 친구가 된다.
- 예수님처럼 세상을 사랑으로 변혁시키는 삶을 산다.

말씀 살피기
- 예수님의 3대 사역은 무엇입니까?(마 9:35)
- 바리새인들은 무슨 이유로 예수님을 비난했습니까?(마 9:11)
- 예수님께서 비유로 말씀하신 의사는 누구를 의미합니까?(마 9:12)

소그룹예배 인도 순서

사도신경	다 같이
찬 송	135장(통 133)
기 도	회원 중
본문 말씀	마 9:9~13
새길 말씀	마 9:12~13
헌금 찬송	144장(통 144)
헌금 기도	회원 중
주기도문	다 같이

말씀 나누기

율법은 사람들을 얽매려고 만든 법이 아니라 사람들을 위한 법으로, 하나님 안에서 안전하고 복된 삶을 살도록 이끌어주는 역할을 합니다. 문제는 율법을 잘 지킨다는 사람들이 자신들의 준법행위를 의롭게 생각하여 율법을 잘 지키지 못하는 사람들을 정죄하는 것입니다. 이들은 율법을 범하지 않았음을 다행으로 생각하면서 자신만의 성역을 만들고 율법을 지키지 못한 사람들을 가까이 오지 못하게 만들었습니다.

이들과는 다르게 죄인들과 차별당하는 연약한 사람들에게 다가가 친구가 되어 주시는 예수님의 행동은 큰 충격이었습니다. 종교 지도자들에게 있어서 다른 행보를 보이는 예수님은 위험하고 반종교적인 인물로 보였습니다. 그러한 종교 지도자들의 관습적인 시선과 비판에 신경 쓰지 않고 예수님은 억압받고 차별당하며 돌봄을 받지 못하는 사회적 약자들과 구원시켜야 할 죄인들에게 다가가 친구가 되어 주셨습니다. 낮은 곳을 향하시는 예수님의 행보는 세상에 큰 파장을 일으켰습니다. 변화의 물꼬가 터졌고, 급격한 변화의 바람이 불었습니다. 힘을 통한 변혁이 아닌 말씀 안에서 세상을 변화시키는 예수님의 사랑을 살펴보겠습니다.

1. 예수님은 죄인의 친구가 되어 주셨습니다

세관에 앉아 있는 마태를 부르시고 제자 삼으신 예수님은 마태의 집에서 많은 세리와 죄인들과 함께 식사를 하셨습니다. 세리라는 직업은 로마의 앞잡이 역할을 하며 동포들의 고혈을 짜내는 매국노라고 비난하며 죄인 취급했습니다. 그런 사람의 집에서 다른 많은 죄인들과 함께 앉아 식사하시는 예수님을 보며 바리새인들은 "제자들에게 이르되 어찌하여 너희 선생은 세리와 죄인들과 함께 잡수시느냐" 라고 비판했습니다(마 9:11). 그 말을 들은 예수님은 "건강한 자에게는 의사가 쓸 데 없고 병든 자에게라야 쓸 데 있느니라 너희는 가서 내가 긍휼을 원하고 제사를 원하지 아니하노라 하신 뜻이 무엇인지 배우라 나는 의인을 부르러 온 것이 아니요 죄인을 부르러 왔노라 하시니라" 라고 답변하셨습니다(마 9:12~13).

죄인들과 구별되는 모습을 자랑하는 태도가 아니라 죄인들 속에 들어가 그들의 친구가 되어 주고 그들을 구원하시려는 예수님의 모습이 우리가 따라야 할 모습입니다.

"인자는 와서 먹고 마시매 말하기를 보라 먹기를 탐하고 포도주를 즐기

는 사람이요 세리와 죄인의 친구로다 하니 지혜는 그 행한 일로 인하여 옳다 함을 얻느니라" (마11:19)

2. 병자의 친구가 되어 주셨습니다

마태복음 9장 35절은 "예수께서 모든 도시와 마을에 두루 다니사 그들의 회당에서 가르치시며 천국 복음을 전파하시며 모든 병과 모든 약한 것을 고치시니라"고 기록하고 있습니다. 이 말씀을 통해 예수님의 3대 사역은 가르치고, 전파하고, 병 고치는 것임을 알 수 있습니다.

12절에서 예수님은 의사가 병든 자에게 필요하다고 말씀하시면서 병자의 친구로 오셨다고 말씀하셨습니다. 당시 사람들은 병의 원인이 죄 때문이라고 여겼기 때문에 병자들을 죄인 취급하듯 했습니다. 온전하지 못하거나 연약한 것을 부정한 것으로 취급하는 편견도 강했습니다. 그러나 예수님은 병자들에게 희망이었습니다. 단순히 몸의 병을 고침 받은 것 때문만은 아니었습니다. 병자들은 친구 되시는 예수님을 만나는 체험을 했기 때문입니다. 예수님을 만날 때 병들고 차별 받는 사람도 건강해지고 공동체와 어울릴 수 있습니다.

"믿음의 기도는 병든 자를 구원하리니 주께서 그를 일으키시리라 혹시 죄를 범하였을지라도 사하심을 받으리라"(약 5:15)

3. 예수님은 소외된 자들의 친구가 되어 주셨습니다

예수님은 사회로부터 소외당하는 자들을 만나 치유하심으로 그들의 친구가 되어 주셨습니다. 당시 귀신들린 자나 나병 걸린 자들은 사회로부터 추방당하거나 격리된 삶을 살아갔고 일반 사람들은 그들이 저주받는 것으로 생각했기에 만나는 것을 꺼렸습니다.

그러나 예수님은 마가복음 5장 2절에 나타난 것처럼 거라사 지방에 귀신들려 사람들이 마주치는 것도 꺼리는 사람을 만나주셨습니다. 그리고 귀신을 내쫓았습니다. 마태복음 26장 6절에는 예수님이 부정하고 저주받은 병이라 생각하는 나병환자 시몬의 집에서 식사까지 하셨음을 볼 수 있습니다.

이처럼 예수님은 사회가 격리시키고 부정하다고 낙인을 찍어 소외시킨 사람들을 거리낌 없이 만나시고 그들의 친구가 되어 주셨습니다. 우리들도 예수님처럼 소외된 이들의 친구가 되어야 합니다.

"너희는 내가 명하는 대로 행하면 곧 나의 친구라"(요 15:14)

말씀 실천하기

* 도움이 필요한 어렵고 소외된 사람들의 친구로 살겠습니까?
* 주변의 시선을 의식하기보다 하나님의 시선을 더 의식하며 살겠습니까?

합심 기도하기

* 연약함을 아시는 주님, 우리의 질병을 치유하여 주옵소서.
* 어려운 이웃을 위해 살 수 있는 은혜와 사랑, 믿음을 주옵소서.

43 예수님은 누구신가요?

본문 말씀 요 1:1~14

이룰 목표
- 예수님을 바르게 알고 담대하게 전하는 전도자의 삶을 산다.
- 빛 되신 예수님과 동행하므로 죄를 이기는 성결한 삶을 산다.

말씀 살피기
- 창세기 1장 1절의 "태초"와 요한복음 1장 1절의 "태초"에서 어느 것이 먼저일까요?(창 1:1; 요 1:1)
- 세례요한은 무엇을 증거 하려고 이 세상에 왔습니까?(요 1:6~7)
- 세례요한이 말씀이라고도 하고 하나님이라고도 하는 이 분은 누구일까요?(요1:1~3)

소그룹예배 인도 순서

사도신경	다 같이
찬 송	84장(통 96)
기 도	회원 중
본문 말씀	요 1:1~14
새길 말씀	요 1:1
헌금 찬송	96장(통 94)
헌금 기도	회원 중
주기도문	다 같이

말씀 나누기

창세기 1장 1절 말씀은 "태초에 하나님이 천지를 창조하시니라"고 시작하고 있으며 요한복음 1장 1절 말씀은 "태초에 말씀이 계시니라 이 말씀이 하나님과 함께 계셨으니 이 말씀은 곧 하나님이시니라"라며 시작합니다. 창세기 1장 1절의 태초는 하나님께서 이 세상을 창조한 시점 즉 세상 창조의 시작을 말합니다. 요한복음 1장 1절의 태초는 세상을 만드시기 이전 하나님 외에는 아무것도 없던 시기로, 이 시기에는 시작과 끝의 개념조차 없었습니다.

시작이 있다는 것은 만들어진 시점이 있

다는 것입니다. 그런데 하나님은 모든 것을 만드신 분이니 시작 자체가 없습니다. 사람은 모든 것에 시작과 끝이 있는 피조물이기에 시작과 끝이 없는 창조주의 세계를 이해하는 데에는 한계가 있습니다. 그래서 하나님의 창조질서와 구속사역 등 하나님의 역사를 논리적으로나 과학적으로 이해하고 증명하기에는 한계가 있습니다. 이것은 믿음으로 받아들여야 할 문제이기 때문입니다. 말씀이 하나님과 함께 계시고 이 말씀이 하나님이라는 것은 말씀이 곧 시작과 끝이 없는 창조주라는 것입니다.

1. 예수님은 말씀이십니다

요한은 빛에 대하여 증언을 하러 왔습니다(7절). 그가 증언할 분은 말씀이 육신이 되어 우리 가운데 거하시는 분입니다. 그는 하나님 아버지의 독생자라고 말씀합니다(14절). 이로써 1절에 기록된 '말씀'은 예수 그리스도라는 것을 알 수 있습니다.

말은 마음과 생각의 표현입니다. 하나님의 마음과 생각을 말로 표현하시는 것이 성경 말씀이고, 그 표현의 결정체가 바로 예수님이십니다. 하나님은 예수님을 이 땅에 보내셔서 사람들로 보게 하셨습니다. 예수님의 행동, 예수님의 삶, 예수님의 말씀을 통해 하나님의 뜻과 행동을 나타내 보이셨습니다. 우리를 사랑하시고 구원하시겠다는 약속을 예수님을 통해 보여주셨습니다. 그러므로 예수님은 하나님의 말씀이십니다. 우리는 예수님을 보면서 하나님을 알 수 있고, 하나님의 뜻과 계획을 알 수 있습니다.

예배 중 가장 긴 시간 동안 말씀을 듣는 것, 성경 공부를 하며 말씀 읽기를 게을리 하지 말라고 가르치는 것은 말씀이신 예수님을 더 알아가기 위함입니다. 말씀이신 예수님을 통해 하나님의 뜻과 계획을 알아갈 수 있습니다. 말씀을 집중하여 듣고 묵상할 때 예수님을 만날 수 있습니다.

> "이 율법책을 네 입에서 떠나지 말게 하며 주야로 그것을 묵상하여 그 안에 기록된 대로 다 지켜 행하라 그리하면 네 길이 평탄하게 될 것이며 네가 형통하리라"(수 1:8)

2. 예수님은 생명이십니다

예수님이 생명이신 것은 만물이 예수님으로 말미암아 지어졌다는 말씀과 피조물 중에서 생명 되신 예수님 없이 지어진 것이 하나도 없다는 말씀을 통해 알 수 있습니다(3절).

생명에서 생명이 나옵니다. 죽은 것에서는 생명이 나오지 못합니다. 새도, 짐승도, 물고기도, 사람도 모두 예수님으로부터 만들어졌다는 것입니다. 모든 생명이 예수님으로부터 나왔다는 사실은 예수님이 생명이시고 생명의 근원이심을 말씀합니다.

활력(活力)이라는 말이 있습니다. 즉 살아 움직이는 힘입니다. 생명에는 에너지가 있습니다. 삶에 활력이 필요하다면 생명 되신 예수님을 가까이 해야 합니다. 예수님과 친밀해지고 더욱 의지하며 살아갈 때 필요한 에너지를 공급 받을 수 있습니다. 다시는 꽃을 피울 수 없고, 싹이 나지 않을 것 같은 인생일지라도 예수님이 함께 하실 때 아름다운 꽃을 피게 하시고, 열매를 풍성히 맺게 하십니다.

예수님은 또 다른 의미의 생명이십니다. 믿는 자들에게 영생, 즉 영원한 생명을 주시기 때문입니다. 우리가 구원받은 것은 예수님이 생명을 주셨기 때문입니다. 믿는다는 그 이유만으로 생명을 주셨습니다. 죽음에서 생명으로 옮겨 주신 예수님께 감사한 마음으로 우리가 받은 생명을 전해야 합니다. 예수님만이 생명이심을 믿는 사람은 죽음에 있는 사람이 생명의 사람이 되도록 전도할 수 있습니다.

"그러므로 너희는 가서 모든 민족을 제자로 삼아 아버지와 아들과 성령의 이름으로 세례를 베풀고 내가 너희에게 분부한 모든 것을 가르쳐 지키게 하라 볼지어다 내가 세상 끝날까지 너희와 항상 함께 있으리라 하시니라"(마 28:19~20)

3. 예수님은 빛이십니다

예수님은 생명이시고, 빛이라(4절) 하셨습니다. 그냥 빛이 아닙니다. 사람들의 빛입니다. 사람들에게 비추는 빛, 사람들에게 필요한 빛, 사람들을 위한 빛, 생명이 있는 빛입니다. 그런데 사람들이 어둠 속에 살기 때문에 그 어두움을 물리치려는 빛에 대하여 깨닫지 못했다고 말씀합니다(5절). 빛이 약하거나 없어서 모르는 것이 아닙니다. 이미 어두움에 완전히 정복당해서 빛의 존재를 알 수 없습니다. 죄에 완전히 정복당한 사람들은 빛을 보면서도 빛을 느낄 수 없을 뿐만 아니라 빛인 줄을 모릅니다.

죄는 이길 수도, 감당할 수도, 해결할 수도 없습니다. 오직 예수님의 빛이 비춰져야만 죄의 어두움을 물리칠 수 있습니다. 죄를 이길 수 있는 것은 예수님의 빛 외에는 없습니다. 죄인은 하나님의 나라에 들어갈 수 없습니다. 그러므로 날마다 죄를 자백하고 회개하여 용서를 받는 삶을 살아야 합니다.

빛은 길을 밝히 보여 어디로 가야할지 알려줍니다. 앞에 무슨 장애물이 있는지, 어느 길로 가야 빠르게 갈 수 있는지 보여주는 힘이 있습니다. 우리 인생이 두려운 이유는 불확실성 때문입니다. 지금의 행동이 어떤 결과를 가져올지 예측할 수 없어서 두렵고 걱정되어 근심합니다. 그러나 예수님이 빛이 되어주시니 예수님만 따라가면 됩니다. 그러므로 우리는 어린아이처럼 길을 물으며 도움을 간구해야 합니다. 두려움에서 벗어나 확신의 길을 걸을 수 있도록 간구할 때 주님이 빛으로 인도해 주십니다.

"너희가 전에는 어두움이더니 이제는 주 안에서 빛이라 빛의 자녀들처럼 행하라"(엡 5:8)

말씀 실천하기

* 복음을 전하는 전도자의 삶을 살기로 결단하겠습니까?
* 빛 되신 예수님을 의지하여 그 인도하심을 따라 살겠습니까?

합심 기도하기

* 예수님과 함께 생명력이 넘치는 삶을 살 수 있도록 하옵소서.
* 말씀을 사모하며 읽고 묵상하여 예수님을 아는 지식이 자라가게 하옵소서.

어떤 병자의 부활

본문 말씀 요 11:1~15

이룰 목표
- 고통 가운데 있을 때도 하나님께 영광을 돌린다.
- 세상적인 관점이 아닌 하나님의 관점으로 문제를 발견한다.

말씀 살피기
- 나사로의 병은 무엇을 위한 것이었습니까?(4절)
- 나사로가 병들었다는 것을 들으시고 며칠을 더 머무르셨습니까?(6절)
- 잠들었다는 표현의 의미는 무엇입니까?(14절)

소그룹예배 인도 순서

사도신경	다 같이
찬　송	471장(통 528)
기　도	회원 중
본문 말씀	요 11:1~15
새길 말씀	요 11:11
헌금 찬송	342장(통 395)
헌금 기도	회원 중
주기도문	다 같이

말씀 나누기

예수님의 일곱 가지 기적 중에서 마지막 기적으로 죽은 나사로를 다시 살리신 말씀입니다. 주님께서 사랑하는 나사로가 병에 걸려 죽어가고 있습니다. 그의 가족들은 아무것도 할 수 없어서 바라만 보고 있습니다. 아픔과 고통이 밀려오지만 어찌해야 할지 몰라 예수님만 기다리고 있습니다. 그러나 그는 하나님의 영광을 드러내기 위해 쓰임 받는 자였습니다. 예수님은 나사로를 살리십니다. 나사로를 살리시는 기적은 예수님께서 십자가에서 죽으시고 부활하실 것을 예표로 나타내 보이시는 사건입니다. 나사로를 살리시는 사건을 통해 말씀하시고자 하는 예수님의 뜻이 무엇인지 살펴보겠습니다.

1. 하나님의 영광을 위함입니다

인간은 죽음에 대해 두려워합니다. 그 이유는 세상과의 단절을 의미하기 때문입니다. 육체적인 죽음은 당연히 두렵습니다. 내가 사랑하고 나를 사랑했던 사람들과 이 세상과의 영원한 이별이기 때문입니다. 죽어가는 나사로와 그를 지켜보는 누이들 역시 이를 두려워하고 있었습니다. 두려워하는 이유는 부활을 믿고는 있지만 현재가 아니라 마지막 날 하나님의 때에 모두가 함께 동참하는 부활을 믿었기 때문입니다. 예수님은 나는 부활이요 생명이니 나를 믿는 자는 죽어도 살겠고 무릇 살아서 나를 믿는 자는 영원히 죽지 아니하리니 이것을 네가 믿느냐(요 11:25~26)라고 말씀하십니다.

주님은 지금 이 순간의 부활을 말씀하고 있습니다. 돌을 옮겨 놓으라고 하십니다. 그리고 나사로야 나오라 부르십니다. 누구도 믿을 수 없는 일이 일어났습니다. 죽은 나사로가 살아서 베로 동인 채로 나옵니다. 이 기적은 생명을 주관하시는 분이 예수님이라는 사실을 입증해주는 사건입니다. 또한 예수님께서 십자가의 죽음 이후에 부활하심을 예표 하는 표적이었습니다. 어떠한 상황에서도 주님의 말씀을 믿을 때 예수님의 영광을 드러내는 기적을 체험할 수 있습니다.

> "예수께서 이르시되 나는 부활이요 생명이니 나를 믿는 자는 죽어도 살겠고 무릇 살아서 나를 믿는 자는 영원히 죽지 아니하리니 이것을 네가 믿느냐" (요 11:25~26)

2. 믿게 하기 위함입니다

나사로가 병들었다는 소식을 들었을 때 예수님은 죽을병이 아니라 했습니다. 하나님의 영광을 위함이요 하나님의 아들이 이로 말미암아 영광을 받게 하려 함이라(요 11:4)고 말씀하셨습니다. 예수님은 유대인의 박해를 피해 요한이 처음 세례 베풀던 요단강 건너편에 있었습니다. 그곳에서 이틀을 더 유하시고 유대 베다니에 있는 나사로의 집으로 가셨습니다. 이미 죽은 지 나흘이나 지났습니다. 마르다는 예수님이 이곳에 계셨다면 죽지 않았을 것이라고 말합니다. 하지만 나사로의 죽음은 예수님이 어떤 분이신 지를 믿게 하려는 목적이 있습니다. 나사로의 장례에 함께 한 제자들만 아니라 모든 유대인들에게 예수님은 하나님의 아들이요 생명을 주관하시는 분이라는 사실을 믿게 하려는 목적이 있었습니다. 죽은 지 나흘이 지나 썩는 냄새가 나는 나사로를 예수님은 말씀으로 다시 살리셨습니다. 장례에 참석한 자라면 누구도 부정할 수 없는 일이 일어났습니다.

이 사건을 통해 많은 사람들이 예수님을 생명의 주님으로 믿었습니다. 때때로 포기하고 싶은 마음이 일어날 정도로 우리의 힘으로는 도저히 해결할 수 없는 큰 문제를 만날지라도 죽었던 나사로를 살리신 예수님을 믿고 따른다면 어떠한 문제든지 해결 받고 다시 일어설 수 있습니다. 주님이 함께하시면 죽음까지도 이길 수 있습니다.

"우리 주 예수 그리스도로 말미암아 우리에게 승리를 주시는 하나님께 감사하노니 " (고전 15:57)

3. 우리의 모든 것을 주님이 아십니다

죽은 나사로를 향하여 주님은 "우리 친구 나사로가 잠들었도다 그러나 내가 깨우러 가노라"(11절)고 하시면서 모든 상황이 끝난 것 같은 환경 속에서도 회복시킬 것을 약속하십니다. 예수님은 베다니에 있는 나사로의 집에 있지 않은 것을 기뻐했습니다(요 11:15). 이는 나사로의 죽음이 하나님께 영광이 되는 것뿐만 아니라 제자들의 믿음에도 크게 영향을 줄 수 있음을 말씀하시고 계십니다.

나사로의 죽음을 미리 알고계신 예수님은 나사로의 죽음을 보고 심령에 비통히 여기시고 불쌍히 여기시며 눈물을 흘리셨습니다(요 11:33~35). 그리고 나사로를 살리셨습니다.

고칠 수 없는 질병이나 죽음조차도 주님께는 마지막 상황이 아닙니다. 그러므로 두려움에 사로잡혀 살지 않아야 합니다. 질병이라는 고통을 통해 연단하시고 성장시키실 주님을 기대할 때, 온갖 질병으로부터 자유를 얻게 될 것입니다. 이와 같은 삶의 자세가 주님의 영광을 드러냅니다. 이러한 믿음은 단순히 질병에 대해서 뿐만 아니라 모든 상황에서도 동일하게 적용되어야 합니다. 지금 직면하고 있는 힘든 상황도 주님께서 아시고 허락하신 은혜임을 기뻐하며 약함 속에서 역사하실 강한 주님의 능력을 바라보고 당당하게 맞서야 합니다. 각 자에게 주워진 삶을 향해 한 걸음씩 나아가는 것 주님이 기뻐하시는 모습입니다.

"주께서 인생으로 고생하게 하시며 근심하게 하심은 본심이 아니시로다"(애 3:33)

말씀 실천하기

* '환난' 중에 있을지라도 회복시키시는 '소망'의 주님을 바라 볼 수 있습니까?
* 힘들고 지친 사람들에게 새 힘을 얻을 수 있도록 위로하고 있습니까?

합심 기도하기

* 갑작스럽게 닥친 환난이 있어도 담대하게 주님을 바라보게 하옵소서.
* 위기를 하나님을 볼 수 있는 기회로 삼게 하옵소서.

보혜사 성령

본문 말씀 요 14:16~17

이룰 목표
- 성령 충만을 사모하여 성령님과 동행하는 삶을 산다.
- 땅 끝까지 전도하는 삶을 산다.

말씀 살피기
- 성령님의 또 다른 별칭은 무엇입니까?(요 14:16)
- 성령 충만은 어떤 행동을 이끌어 냅니까?(행 1:8)
- 성경은 성령님을 어떤 영이라고 하셨습니까?(요 14:17)

소그룹예배 인도 순서

사도신경	다 같이
찬 송	184장(통 173)
기 도	회원 중
본문 말씀	요 14:16~17
새길 말씀	행 1:8
헌금 찬송	192장
헌금 기도	회원 중
주기도문	다 같이

말씀 나누기

12제자들은 예수님께 직접 훈련을 받았습니다. 예수님으로부터 살아있는 말씀을 듣고 전도훈련을 받았습니다. 소외되고 연약한 사람들을 대하는 법을 배웠습니다. 기도 훈련을 받았습니다. 병자들을 위해 어떤 마음으로 어떻게 기도하며 대해야 할지도 배웠습니다. 3년이라는 긴 시간 동안 예수님과 같이 먹고, 자고, 호흡하며 살았습니다. 이보다 더 훌륭한 제자훈련은 없습니다. 그러나 그들은 능력이 없었습니다. 귀신들린 자에게 오히려 조롱을 당했습니다. 기도해도 병자들이 치유되지 않았습니다. 예수님의 말씀을 제대로 이해하지 못해 자리

싸움을 하곤 했습니다. 예수님과 함께 하면서도 이런 상태인데 예수님이 안 계신 상황은 어떨지 추측할 수 있습니다.

예수님은 십자가에 죽으심이 예정되어 있었고, 부활하신 후에는 하늘로 승천하셔야 했기 때문에 제자들만 세상에 남겨 놓는 것은 우물가에 내보낸 어린아이를 보는 부모의 심정과 같았습니다. 제자들도 예수님이 안 계시는 상황은 두렵고 상상하는 것조차 싫었습니다. 그런 제자들에게 예수님은 보혜사 성령님을 보내주시겠다고 약속하십니다. 그리고 약속대로 성령께서 강림하셨습니다. 성령님을 통하여 어떻게 교회가 구성되고 열방에 복음이 확장되었는지 살펴보겠습니다.

1. 약속대로 성령님이 강림하셨습니다

제자들을 세상에 남겨 두시고 승천하시는 예수님은 불안해하고 염려하는 제자들에게 보혜사 성령님을 보내 주시겠다는 약속을 하셨습니다. 성령님은 오시기만 하는 것이 아니라 영원히 동행해 주시겠다는 약속입니다. 이 말씀을 기억하며 마가의 다락방에서 기도하고 보혜사 성령님을 기다리던 제자들에게 성령님께서 강림하셨습니다. 사도행전 2장 2~3절은 "홀연히 하늘로부터 급하고 강한 바람 같은 소리가 있어 그들이 앉은 온 집에 가득하며 마치 불의 혀처럼 갈라지는 것들이 그들에게 보여 각 사람 위에 하나씩 임하여 있더니"라고 말씀합니다.

세상이 알 수 없고, 볼 수 없는 성령께서 우리 안에 들어와 거하시고 영원까지 동행하십니다. 예수님을 구주로 영접한 자들은 이미 성령의 사람이 되었으니 늘 충만하기를 기도하며 살아야 합니다. 밖에서 능력을 찾지 말고, 내 안에 이미 계신 성령님께 의지하고 기도하며 삶의 주인의 자리를 내어 드리고 인도를 받는 삶이 되어야 합니다.

"그러나 내가 너희에게 실상을 말하노니 내가 떠나가는 것이 너희에게 유익이라 내가 떠나가지 아니하면 보혜사가 너희에게로 오시지 아니할 것이요 가면 내가 그를 너희에게로 보내리니"(요 16:7)

2. 성령님은 능력을 주십니다

예수님은 성령님을 보내실 뿐만 아니라 그 성령님으로 인해 제자들이 능력 받을 것이라고 말씀하셨습니다. 즉 성령님께서 말씀을 가르쳐 주시고 생각나게 해 주신다는 것입니다. 예수님과 3년을 동행했지만 제자들의 모습은 능력과는 거리가 멀었습니다. 연약하고 부족했습니다. 예수님의 말씀을 제대로 이해하지 못했고, 듣고 배웠던 말씀은 종종 기억도 못했습니다. 그러나 성령님의 임재와 충만을 경험한 그들은 능력의 사람이 되었습니다.

갑자기 베드로가 능력 있는 설교를 하게 되었습니다. 그의 설교를 들어보면 구약의 선지자 요엘의 말씀을 인용하기도 하고, 예수님의 증언을 옮기기도 했습니다. 능력 주시겠다는 약속대로 구약의 말씀과 예수님의 말씀이 기억났고 그 말씀을 능력 있게 전했습니다. 이런 일은 성령님이 임재하시면 권능을 받게 된다는 말씀의 증거입니다(행 1:8). 성령 강림과 충만 이후 베드로의 설교에 수많은 이들이 회개하고 세례를 받고 신자의 수가 순식간에 3천명이 더해지는 역사가 나타난 것처럼 지금도 성령님이 함께 하실 때 구원 받는 성도들이 교회마다 더해지는 역사를 볼 수 있습니다.

"우리 안에 거하시는 성령으로 말미암아 네게 부탁한 아름다운 것을 지키라"(딤후 1:14)

3. 성령님은 복음의 증인이 되게 하십니다

사도행전 1장 8절은 "오직 성령이 너희에게 임하시면 너희가 권능을 받고 예루살렘과 온 유대와 사마리아와 땅 끝까지 이르러 내 증인이 되리라 하시니라"고 말씀합니다. 성령을 받았으면 '증인이 되도록 노력하라.'는 것이 아니라 '자연스럽게 증인의 삶을 살게 된다.'는 것입니다. 성령임재와 충만의 결과가 능력과 복음 증거로 나타납니다. 그것이 열매입니다. 우리에게 성령의 능력과 증인의 삶이라는 열매가 있는지 점검해 보아야 합니다.

이러한 예언의 말씀은 사도행전 2장 이후에 나오는 성령강림 사건의 결과를 통해 볼 수 있습니다. 베드로가 능력 있는 말씀 전파로 신도의 수가 3천명이나 늘어난 것을 시작으로 교회 공동체가 형성되고 빌립이 사마리아에서 전도하며, 베드로가 온 유대를 다니며 전도했습니다. 또한 베드로와 고넬료의 만남으로 이방인들에게 급속히 복음이 전파되는 등 아시아를 넘어 유럽과 아프리카에 이르기까지 복음이 열방을 향해 급속도로 전파되기 시작했습니다.

예수님이 잡히시던 날 두려움에 떨며 다 도망갔던 제자들이 이제는 죽음을 두려워하지 않는 복음의 사도들이 되어 열방에 복음의 빛을 전하고 다니는 사람들로 변화됐습니다. 이것은 인위적으로 노력한 것이나 그들의 능력이 아닙니다. 성령님의 능력으로 능력의 사람이 되었던 것처럼 우리도 성령님과 함께 힘 있게 복음을 전하는 일꾼이 될 수 있습니다.

> "우리가 이것을 말하거니와 사람의 지혜가 가르친 말로 아니하고 오직 성령께서 가르치신 것으로 하니 영적인 일은 영적인 것으로 분별하느니라"(고전 2:13)

말씀 실천하기

* 성령 세례와 성령 충만한 삶을 날마다 사모하며 살겠습니까?
* 땅 끝까지 복음을 전하는 복음 전도자의 삶을 살겠습니까?

합심 기도하기

* 성령 충만하여 하나님의 뜻을 실천하는 삶을 살도록 인도해 주옵소서.
* 땅 끝까지 복음이 전파되어 구원받는 사람이 날로 늘어가게 하옵소서.

성령님과 교회

본문 말씀 행 1:8, 2:41~47

이룰 목표
- 교회를 세우는 사명을 감당하는 삶을 산다.
- 선한 영향력을 끼치는 교회가 되도록 능력 있는 삶을 산다.

말씀 살피기
- 성령 충만한 사도들에게 나타난 큰 변화는 무엇입니까?(행 2:43)
- 성령 충만한 교회에 나타난 놀라운 변화는 무엇입니까?(행 2:47)
- 성령 충만한 교인들이 힘쓴 것은 무엇입니까?(행 2:42)

소그룹예배 인도 순서

사도신경	다 같이
찬 송	191장(통 427)
기 도	회원 중
본문 말씀	행 1:8, 2:41~47
새길 말씀	행 2:46
헌금 찬송	195장(통 175)
헌금 기도	회원 중
주기도문	다 같이

말씀 나누기

과거에는 교회를 다녔지만 지금은 다니지 않는다는 과거형 크리스천들은 교회 공동체나 목회자에게 실망했다거나 상처를 받아서 교회를 떠났다는 등의 다양한 이유를 이야기합니다. 또한 교회는 다니지 않지만 자신을 크리스천이라고 말하는 사람들은 '교회를 다닐 필요를 느끼지 못한다.' '교회에 출석하는 것이 싫다.' 라고 합니다.

근래 언론과 인터넷에서 교회와 목회자를 대상으로 폄하하는 비난의 글들이 많습니다. 이런 상황과 시대를 보면 안타깝고 교회의 쇄신에 대해 생각하게 됩니다. 교회는 어떻게 왜 생겨났으며 어떤 교회가 하나님이 기뻐하시는 교회일까요? 하나님의 뜻에 합당한 교회는 어떤 교회일까요? 교회의 기원과 성장, 사명을 살펴봄으로써 하나님이 기뻐하시는 교회에 대하여 살펴보겠습니다.

1. 교회가 탄생합니다

성령 강림의 첫 번째 열매는 교회의 탄생이었습니다. 120명의 제자들이 마가의 다락방에 모여 성령님을 기다리며 기도할 때 성령이 임하셨습니다. 그들은 하나같이 열심을 내어 예수님은 하나님의 아들이고, 그리스도라고 증언했습니다. 많은 사람들이 회개하고 예수님을 영접했습니다. 교회는 이렇게 성령의 인도하심으로 자연스럽게 탄생했습니다. 성령이 충만하게 임재하시면 아름다운 교회가 일어납니다. 교회는 성령의 열매로 세워집니다. 초대교회가 대표적인 증거입니다.

교회는 성령 공동체, 능력 공동체(행 1:8), 증인 공동체(행 2:40)입니다. 그리고 사랑의 공동체입니다. 서로의 물건을 통용하고 재산과 소유를 팔아 각 사람의 필요에 따라 나누어주는 유무상통의 생활은 하나님의 나라가 이 땅에 임한 공동체의 모습입니다(행 2:44~45). 이러한 교회 공동체가 바로 성령의 임재로 세워진 것입니다. 교회는 성령 충만해야 합니다. 성령님의 인도하심을 받는 공동체가 되어야 합니다.

> "소망의 하나님이 모든 기쁨과 평강을 믿음 안에서 너희에게 충만하게 하사 성령의 능력으로 소망이 넘치게 하시기를 원하노라"(롬 15:13)

2. 교회가 성장합니다

베드로를 비롯한 사도들이 나가서 외침으로 하루에 3천 명, 혹은 5천 명씩 회개하고 돌아오며 교회는 놀라운 성장을 이루기 시작했습니다. 성령이 역사하시니 교회는 자연스럽게 성장하고 그 성장 속도는 어떤 환경도 막지 못했습니다. 핍박이 있어도 교회는 성장했습니다. 교회 성장을 위한 어떤 전략이나 프로그램, 경영기법이 없었습니다. 오직 성령님의 임재와 충만하심, 성령님의 인도하심에 모든 것을 맡겼을 뿐인데 교회는 자연스럽게 그리고 폭발적으로 성장했습니다.

사도들의 메시지는 단순 명료했지만 그 설교에 성령께서 역사하시니 사람들의 마음을 움직이는 힘이 되었습니다. 사도들의 기도는 능력이 있었습니다. 많은 기적이 일어났으며 병자들이 치유를 받았고, 성도의 삶이 변화됐습니다. 사도행전 2장 47절은 "하나님을 찬미하며 또 온 백성에게 칭송을 받으니 주께서 구원 받는 사람을 날마다 더하게 하시니라"고 기록합니다.

교회성장은 전략이나 프로그램에서 나오지 않습니다. 성령님의 임재와 역사하심에서 나옵니다. 많은 이들을 구원하는 것도 기도로 성령님의 능력을 힘입을 때 가능합니다.

> "바나바는 착한 사람이요 성령과 믿음이 충만한 사람이라 이에 큰 무리가 주께 더하여지더라"(행 11:24)

3. 교회는 사명을 감당해야 됩니다.

교회가 성장하면서 내부적인 갈등을 겪게 되었습니다. 본토 유대인과 헬라파 유대인 사이의 갈등이었습니다. 구체적인 사건 중 하나는 히브리파 제자들이 히브리파 과부들을 구제해 주었는데 반면 헬라파 과부들은 구제에서 소외되었습니다. 이 일로 갈등이 시작되었으며 일곱 집사를 세우는 계기가 되었습니다(행 6장). 이런 갈등과 교회에 대한 박해는 사람들을 흩어지게 했습니다.

사도행전 8장 1절은 "사울은 그가 죽임 당함을 마땅히 여기더라 그 날에 예루살렘에 있는 교회에 큰 박해가 있어 사도 외에는 다 유대와 사마리아 모든 땅으로 흩어지니라"고 기록하고 있습니다. 또한 사도행전 12장은 야고보의 순교는 물론 베드로가 잡혀 가는 등 박해의 강도가 거세지자 성도들은 사방팔방으로 흩어지기 시작했음을 기록하고 있습니다. 갈등과 박해가 교회에 어려움을 가져다주지만 하나님께서는 이 사건들을 통해 교회가 확산되고 복음이 뻗어나가는 선교의 역사를 이루어 가셨습니다. 빌립이 사마리아로 전도하러 가고, 베드로가 온 유대 전도 여행을 다녔습니다. 또한 베드로와 고넬료의 만남 이후 이방인 선교에 박차를 가하게 되었습니다. 그리고 바울은 회심 후, 예수님으로부터 이방인의 사도로 부르심을 받았다고 자신의 정체성을 밝히면서 3차례에 걸친 전도여행을 했습니다. 이 일로 이방 나라까지 복음이 확산되었습니다. 이 모든 배경과 역사에 성령님의 동행하심과 인도하심이 있었습니다.

초대교회는 성령님의 임재와 충만으로 시작되었고, 성장했으며 선교의 사명을 감당했습니다. 오늘날의 교회도 성령님의 도우심으로 성장하고, 선교의 사명을 감당할 수 있습니다.

"주께서 이같이 우리에게 명하시되 내가 너를 이방의 빛으로 삼아 너로 땅 끝까지 구원하게 하리라 하셨느니라 하니"(롬 10:18)

말씀 실천하기

* 성전에 모이기를 힘쓰고 기도하기를 힘쓰는 삶을 살겠습니까?
* 칭찬받는 교회가 되기 위해 하나님의 사랑을 실천하기로 결단하겠습니까?

합심 기도하기

* 칭찬 받는 선한 영향력을 끼치는 교회가 되게 하옵소서.
* 구원 받는 이들이 날마다 늘어나는 기쁨이 풍성케 하옵소서.

하나님의 은혜로 변화되는 삶

본문 말씀 행 9:1~9

이룰 목표
- 신앙인답지 못한 삶이 무엇인지 깨닫는다.
- 환난을 통해서도 우리를 변화시키시는 주님의 손길을 안다.

말씀 살피기
- 열정은 있었으나 잘못된 방향으로 가는 사람은 누구입니까?(1절)
- 변화되지 못하는 사람을 누가 만나주십니까?(4절)
- 사울은 며칠 동안 보자도 먹지도 못했습니까?(9절)

소그룹예배 인도 순서

사도신경	다 같이
찬　　송	93장(통 93)
기　　도	회원 중
본문 말씀	행 9:1~9
새길 말씀	행 9:8
헌금 찬송	428장(통 468)
헌금 기도	회원 중
주기도문	다 같이

말씀 나누기

개인이나 사회 또는 국가에서 이대로는 안 되겠다는 문제의식을 갖고 있으면 그 문제를 해결하기 위해서 무언가를 바꾸어야 한다는 갈망을 갖게 됩니다. 이처럼 성도들이라면 '구습을 좇는 옛사람을 벗어버리고 그리스도 안에서 새사람으로 갈아입어야 한다' 는 갈망이 필요합니다. 갈망에서 나아가 하나님의 사람이 될 때 비로소 하나님의 일을 감당할 수 있습니다.

하나님께서는 이방인 전도를 위해 사울을 변화시키셨습니다. 다메섹 도상에서 예수의 박해자 사울이 예수의 증거자로 변화된 것입니다. 이처럼 아직도 눈은 떴으나 보지 못하는 자 같은 모습은 없는지 자신을 돌아보고 변화되는 역사가 일어나야 합니다. 성경은 말씀 안에서 변화된 사람들의 이야기입니다. 아브람이 아브라함으로, 야곱이 이스라엘로 바뀌질 때 위대한 승리자가 될 수 있습니다. 사울이 예수님을 만남으로 어떻게 변화되었는지 살펴보겠습니다.

1. 보는 시각이 바뀌져야만 합니다

사울은 주의 제자들을 없앨 의도로 대제사장을 찾아가서 다메섹 여러 회당에 가져갈 공문을 요청합니다. 이것은 다메섹에 있는 예수님의 제자들을 잡아서 예루살렘으로 끌고 오고자 함이었습니다(행 9:1~2). 그런데 사울이 다메섹에 가까이 이르렀을 때 하늘로 부터 빛이 그를 둘러 비치며 "사울아 사울아 네가 어찌하여 나를 박해하느냐"(행 9:4) 하시는 주님의 음성을 듣게 됩니다. 이때 사울은 찾아와 만나주시는 주님을 기적적으로 영접합니다.

예수님을 제대로 알지 못했던 사울은 율법적 고정관념에 사로잡혀 예수님을 박해해야 될 대상으로 인식했습니다. 사울로 인해 예루살렘 교회는 큰 박해를 받았으며 사도들 외에는 유다와 사마리아 모든 땅으로 흩어졌습니다(행 8:1). 주님은 이러한 박해자도 부르셨습니다. 주님의 부르심에 사울은 예수님의 제자가 됩니다. 그리고 이방인을 위한 사도가 되어 순교하기까지 복음을 위한 삶을 살아갑니다. 도저히 변할 수 없는 자가 변화된 것은 예수님의 부르심이 아니면 있을 수 없습니다. 주님은 박해자까지도 부르셔서 주님의 일꾼으로 전도자로 세워주십니다. 고정관념을 벗어버리고 새로운 시각으로 바라봐야 합니다. 사울을 부르신 주님이 지금도 부르심에 응답하는 자를 기다리고 계십니다.

" 믿음은 바라는 것들의 실상이요 보이지 않는 것들의 증거니"(히 11:1)

2. 말과 행동을 바꿔야만 합니다

사울은 그리스도인들을 박해하기 위해 거친 말과 행동을 했습니다. 스데반 집사를 죽이는데 앞장섰으며 다메섹까지 가서 그리스도인들을 박해하려고 했습니다. 그러나 그의 말과 행동이 바뀌었습니다. 그리스도인들에게 "형제"라고 부르게 된 것입니다. 이렇게 사울이 변화된 것은 한 가지 역사적인 사건 때문이었습니다.

사울은 예수님을 한 번도 만나보지 못했습니다. 그런데 예수님은 다메섹으로 올라가는 사울에게 네가 어찌하여 나를 박해하느냐(행 9:4)라고 말씀하고 있습니다. 예루살렘에서 그리스도인들이 당하는 고난과 고통을 마치 주님이 친히 당하시는 것처럼 말씀하고 계십니다. 이 말씀은 사울로 큰 번민에 빠지게 했습니다. 한 번도 만나보지 못했지만 대적자로 알았던 예수! 그분이 하나님의 아들이며 메시야라는 사실은 큰 충격이었습니다.

찾아와주시고 만나주시는 주님의 은혜로 사울은 주의 제자가 되었습니다. 그리고 그의 말과 행동은 자연스럽게 바뀌었습니다. 이와 같이 그리스도인은 말과 행동이 바뀌져야 합니다. 하나님의 생명력이 넘치는 말로 바꾸어야 합니다. 말이 바뀌어야 습관이 바뀌고 습관이 바뀌면 인격이 바뀌고 인격이 바뀌면 삶이 바뀝니다. 주님이 생명의 언어로, 창조의 언어로, 칭찬의 언어로 바꾸어 주실 것입니다. 부정적이고 거친 말은 주님이 싫어하시지만 인격을 세워주고 살리는 말에는 찾아오셔서 복을 주십니다.

> "죽고 사는 것이 혀의 힘에 달렸나니 혀를 쓰기 좋아하는 자는 혀의 열매를 먹으리라" (잠 18:21)

3. 삶의 형식과 틀이 바꿔져야 합니다

사울은 주님을 영접한 그리스도인들을 결박하고 박해하는 삶에서 예수님의 복음을 전하는 삶으로 바뀌었습니다. 주님을 적대하는 삶에서 힘 있게 예수님을 그리스도로 증거 하는 삶으로 변한 것입니다.

눈은 떴으나 눈의 기능을 잃고, 입은 있으나 제대로 전하지 못하며, 귀는 있어도 듣지 못하는 불구 같은 삶을 바꾸시는 하나님의 은혜가 임했습니다. 위협과 살기가 등등했던 사울이 변하여 이방인의 사도로 복음을 전하며 죽기까지 주님의 증인으로 살았습니다. 사울은 복음전도의 편익을 위하여 유대에서는 히브리식 이름인 '사울'로 사용했으며 헬라 지역을 선교할 때에는 헬라식 이름인 '바울'이라는 이름을 사용했습니다. 사울은 또한 '나는 날마다 죽노라'고 말한 것처럼 철저하게 자신을 쳐 복종시켜 그의 인생 전부를 바쳤습니다. 이때 그의 믿음은 보석처럼 빛났습니다. 옛 삶의 모습을 버리고 말씀 안에서 새로운 모습으로 살려는 자녀에게는 사울에게 주셨던 은혜를 충만히 부어 주실 것입니다.

"내가 너희 중에서 예수 그리스도와 그의 십자가에 못 박히신 것 외에는 아무 것도 알지 아니하기로 작정하였음이라"(고전 2:2)

말씀 실천하기

* 잘못된 방향으로 달려가는 열정을 말씀으로 변화시키겠습니까?
* 삶의 변화를 위해 말씀에 순종하기로 다짐 합니까?

합심 기도하기

* 그릇된 열정으로 살아가지 않도록 주님만 바라보게 하옵소서.
* 조금 늦더라도 바른 길을 택할 수 있는 지혜를 주시옵소서.

48 주 예수를 믿으라

본문 말씀 행 16:16~31

이룰 목표
- 복음은 모든 환경을 뛰어 넘는 순종임을 안다.
- 환난 중에도 이기도록 도우시는 믿음의 능력을 발견한다.

말씀 살피기
- 복음 증거에는 방해가 있다는 것을 알고 있습니까?(18절)
- 담대하게 복음을 증거 하는 자는 항상 어떤 자세로 무장해야 합니까?(25절)
- 칠흑 같은 한 밤중에 무슨 일이 일어났습니까?(26절)

소그룹예배 인도 순서

사도신경	다 같이
찬 송	415장(통 471)
기 도	회원 중
본문 말씀	행 16:16~31
새길 말씀	행 16:31
헌금 찬송	461장(통 519)
헌금 기도	회원 중
주기도문	다 같이

말씀 나누기

본문은 빌립보 감옥의 기적적인 사건을 기록하고 있습니다. 빌립보 지역에서 만난 귀신들린 여종은 바울과 실라의 정체를 정확히 알고 있었습니다. 바울과 실라는 여종에게 매인 귀신을 쫓아내고 여종을 치유했지만 오히려 감옥에 갇히게 되었습니다. 그러나 하나님은 감옥에서도 복음을 전파하게 하셨습니다.

감옥에 갇혔다는 것은 위기이며 시련이었습니다. 그러나 환경이 문제가 아닙니다. 오히려 이때에 하나님께서 도우셨습니다. 그 어두운 위기와 시련 속에서 하나님께 찬미와 기도를 드렸을 때에 하나님께서 일하셨습니다. 마음을 움직이게 하시고 구원의 능력이 나타나게 하셨습니다. 이로 인해 하나님께서 영광을 받으시고 한 가정이 구원받게 되는 놀라운 역사가 일어났습니다. 이러한 구원 역사가 어떻게 일어날 수 있었는지 살펴보겠습니다.

1. 바울 일행은 귀신을 쫓아냈습니다

바울의 빌립보 전도 사역은 수월하게 시작되는 듯했습니다. 그러나 복음 사역에는 역시 방해 세력이 나타나서 바울과 동역자들을 괴롭혔습니다. 바울 일행을 괴롭힌 것은 귀신에 사로잡혀서 점치는 여종이었습니다. 그 여종은 바울 일행을 계속 쫓아다니며 "이 사람들은 지극히 높은 하나님의 종으로 구원의 길을 너희에게 전하는 자라"라고 소리쳤습니다. 그 여종의 말이 틀린 것은 아니었지만, 바울은 귀신 들린 여종을 통해 복음이 전해짐으로 복음이 더럽혀 지는 것을 원하지 않았습니다. 이는 복음 사역에 전혀 도움이 되지 않기 때문입니다. 결국 바울은 예수 그리스도의 이름으로 귀신을 향해 명령했고, 귀신은 즉시 그 여종에게서 나왔습니다. 귀신도 하나님에 대한 정확한 지식을 알고 있습니다. 문제는 지식이 아니고 누구에게 속했는가 하는 것입니다.

종종 예수님 아는 것을 믿는 것으로 착각할 때가 있습니다. 그러므로 환난 중에도 주님으로 인하여 기뻐하며 예수님을 나타낼 수 있는 살아있는 믿음인지 점검해야 합니다.

> "네가 하나님은 한 분이신 줄을 믿느냐 잘하는도다 귀신들도 믿고 떠느니라"(약 2:19)

2. 바울과 실라는 감옥에 갇혔습니다

억울한 일을 당해도 믿음을 잃지 말아야 합니다. 귀신 들린 여종을 이용해 수익을 올렸던 주인들이 바울과 실라를 고소했습니다. 바울과 실라 때문에 이익을 얻을 수단이 사라지자 그들에게 누명을 씌어서 빌립보 성에서 내쫓으려고 했던 것입니다. 바울과 실라는 매를 맞은 후 깊고 어두운 감옥에 던져졌습니다. 억울하게 갇히게 된 감옥입니다. 다른 일도 아닌 하나님의 일을 하던 중에 감옥에 들어갔습니다. 전도자는 이와 같은 상황에 처할 수도 있습니다. 그러나 여기가 끝이 아닙니다. 바울과 실라는 매 맞고 고통스런 몸으로 하나님을 찬양하며 기도했습니다. 이때 하나님의 특별한 섭리가 감옥 안에, 고통의 현장 안에서 일어났습니다. 이처럼 어려운 일들이 있을 때에 기도하고 찬양하며 하나님의 특별한 섭리를 기대해야 합니다. 또한 믿음의 눈으로 하나님의 역사하심을 볼 줄 알아야 합니다.

"우리가 선을 행하되 낙심하지 말지니 포기하지 아니하면 때가 이르매 거두리라"(갈 6:9)

3. 한밤중에 찬양의 기적이 일어났습니다

바울과 실라가 빌립보 지역에서 복음 사역을 시작하며 억울하게 매를 맞고 발에 차꼬로 매여 감옥에 갇혔습니다. 그럼에도 바울과 실라는 한밤중에 감옥에서 찬양하며 기도하고 있었습니다. 한밤중은 어두운 때입니다. 영적으로 경제적으로 그리고 심리적으로 한밤중의 어두움은 언제라도 우리에게 찾아올 수 있습니다.

그러한 시간이 마침내 찾아왔을 때, 어떻게 반응하느냐는 하나님에 대해 어떻게 생각하는지를 보여 주는 증거가 됩니다. 어둠 속에서도 찬양할 수 있는 유일한 이유는 오직 예수님만이 생명이시고 희망이기 때문입니다.

이 한밤중의 찬양의 역사가 그들의 매인 모든 것을 풀어주고, 그들을 지키던 간수를 예수님께로 인도하는 기회가 되었으며 온 가족이 구원을 얻는 기쁨의 자리로 이어지게 되었습니다.

복음은 말 그대로 '좋은 소식'으로 매우 간단합니다. 위기가 기회가 되어 간수장과 그의 가족을 구원하게 되었으며 하나님이 기뻐하시는 사역의 열매를 얻게 되었습니다. 어둡고 캄캄한 상황에서도 주님께 찬송과 기도를 드릴 때 믿음의 기적이 일어납니다.

"우리가 이 보배를 질그릇에 가졌으니 이는 심히 큰 능력은 하나님께 있고 우리에게 있지 아니함을 알게 하려 함이라"(고후 4:7)

말씀 실천하기

* 어려운 중에도 예수님을 기쁨으로 찬양합니까?
* 억울한 일을 당할 때도 믿음으로 승리하고 있습니까?

합심 기도하기

* 어렵고 힘든 환경에서도 기쁨을 잃어버리지 않게 하소서.
* 복음을 방해하는 자에게도 기쁨으로 복음을 전하게 하소서.

주의 법을 사랑하는 자에게는 큰 평안이 있으니
그들에게 장애물이 없으리이다(시편 119:165)

יך לא־סרתי כי־אתה הורתני מכל־ארח רע כלאתי רגלי למען אשמר דברך מזקנים אתבונן כי פקודיך נצרתי
א שכחתי נדבות פי רצה־נא יהוה ומשפטיך למדני נעניתי עד־מאד יהוה חיני כדברך נשבעתי ואקימה לשמר מ
־ממני מרעים ואצרה מצות אלהי סתרי ומגני אתה לדברך יחלתי סעפים שנאתי ותורתך אהבתי נטיתי לבי ל
שפט וצדק בל־תניחני לעשקי סמר מפחדך בשרי וממשפטיך יראתי סגים השבת כל־רשעי־ארץ לכן אהבתי
שרתי כל־ארח שקר שנאתי על־כן אהבתי מצותיך מזהב ומפז עת לעשות ליהוה הפרו תורתך עבדך־אני הבינני
קיך פדני מעשק אדם ואשמרה פקודיך פעמי הכן באמרתך ואל־תשלט־בי כל־און פנה־אלי וחנני כמשפט לאהבי
ו צעיר אנכי ונבזה פקדיך לא שכחתי צרופה אמרתך מאד ועבדך אהבה צמתתני קנאתי כי־שכחו דבריך צרי
זרות לשיחה באמרתך קדמתי בנשף ואשועה (לדבריך) לדברך יחלתי קראתיך הושיעני ואשמרה עדתיך קראתי
א דרשו ריבה ריבי וגאלני לאמרתך חיני ראה־עניי וחלצני כי־תורתך לא שכחתי קדם ידעתי מעדתיך כי לע
לבי ראש־דברך אמת ולעולם כל־משפט צדקך ראה כי־פקודיך אהבתי יהוה כחסדך חיני ראיתי בגדים ואתק
מאד: שברתי לישועתך יהוה ומצותיך עשיתי שלום רב לאהבי תורתך ואין־למו מכשול שבע ביום הללתיך על
כי פקודיך בחרתי תען לשוני אמרתך כי כל־מצותיך צדק תבענה שפתי תהלה כי תלמדני חקיך תבוא תחנתי
כי־אתה הורתני מכל־ארח רע כלאתי רגלי למען אשמר דברך מזקנים אתבונן כי פקודיך נצרתי תעיתי כשה

절기

PART 6

주님의 무덤에서 받은 은혜

본문 말씀 마 28:1~10

이룰 목표
- 성도들에게 부활의 소망을 갖도록 한다.
- 그리스도의 부활을 전하는 증인의 삶을 산다.

말씀 살피기
- 여인들은 예수님의 무덤에 언제 찾아갔습니까?(1절)
- 여인들이 무덤에서 만난 분은 누구입니까?(2절)
- 부활하신 예수님께서 처음으로 한 말씀이 무엇입니까?(9절)

소그룹예배 인도 순서

사도신경	다 같이
찬 송	160장(통 150)
기 도	회원 중
본문 말씀	마 28:1~10
새길 말씀	마 28:6
헌금 찬송	161장(통 159)
헌금 기도	회원 중
주기도문	다 같이

말씀 나누기

본문 마태복음 28장 1~10절은 새벽에 주님의 무덤을 찾아갔던 여인들이 은혜받고 변화되는 말씀이 기록되어 있습니다. 주님의 자녀인 우리들도 무덤을 통해 은혜 받고, 기쁨이 넘치는 복된 삶을 살아가야 합니다. 끝인 것 같았던 무덤에는 부활이 있었고, 참된 기쁨이 있었습니다. 이와 같은 놀라운 은혜를 어떻게 받을 수 있는지 말씀을 통해 살펴보겠습니다.

1. 어떤 무덤 입니까?

첫째, 요셉이 파놓은 새 무덤 입니다(마 27:60). 예수님이 십자가에서 운명하셨으나 아무도 나서지 않았습니다. 그때 아리마대 사람으로 부자요 예수의 제자인 요셉이 빌라도 총독에게 예수님의 시체를 달라고 요청했습니다. 총독의 허락을 받고 바위 속에 판 자기의 새 무덤에 예수님의 장례를 모셨습니다.

둘째, 예수님의 시체를 모신 무덤입니다(요 19:40~42). 요셉은 예수님의 시체를 가져다가 유대인의 장례법대로 니고데모가 가져온 몰약과 침향을 넣고 세마포로 쌌습니다. 그리고 십자가에 못 박히신 곳에 있는 동산의 새 무덤에 예수님을 안장했습니다. 그런 다음 큰 돌을 굴려 무덤 문을 막았습니다.

셋째, 군인들이 지키는 무덤입니다(마 27:65~66). 빌라도 총독의 명령을 받은 경비병들이 무덤을 지켰습니다. 이는 대제사장들과 바리새인들이 예수님이 "사흘 후에 다시 살아나리라"고 하신 말씀이 마음에 걸렸습니다. 그래서 빌라도 총독에게 "제자들이 시체를 도둑질하여 가고 백성에게는 부활했다고 하면 혼란이 클 것이라"고 하여 승낙을 받아냈던 것입니다. 그래서 군인들로 하여금 사흘 동안 굳게 지키게 했습니다.

> "요셉이 시체를 가져다가 깨끗한 세마포로 싸서 바위 속에 판 자기 새 무덤에 넣어 두고 큰 돌을 굴려 무덤 문에 놓고 가니"(마 27:59~60)

2. 여인들이 무덤에 찾아간 이유는 무엇일까요?

막달라 마리아와 다른 마리아가 안식 후 첫날이 되려는 새벽에 무덤에 찾아갔습니다.

첫째, 무덤을 보려고 갔습니다. 막달라 마리아는 예수님이 귀신을 쫓아내어 주신 은혜를 입었습니다. 그래서 온전한 정신과 건강을 찾고 구원을 받아 새 사람이 되었습니다. 그는 예수님께 입은 은혜가 크기 때문에 고마운 마음을 가졌습니다. 예수님의 사랑을 결코 잊을 수가 없는 사람입니다. 그러므로 예수님을 장사지낸 무덤에 찾아간 것은 자연스런 일이라 하겠습니다.

둘째, 예수님 시체에 향품을 발라드리려고 갔습니다(막 16:1). 유대인의 장례법에 의하면 장사지내고 삼일 후에 다시 향품을 몸에 발라드리게 되어있습니다. 향품은 시체가 썩는 것을 방지하고 벌레나 해충이 생기지 않게 하는 효과가 있습니다.

셋째, 군병들이 지키고 있는 무덤이 걱정이 되었던 것입니다. 여인들은 군병들이 잘 지키고 있을까? 주님의 무덤에 별일은 없을까? 마음에 적지 않은 걱정이 있었습니다. 그래서 이른 새벽에 무덤을 찾아갔던 것입니다.

"안식일이 지나매 막달라 마리아와 야고보의 어머니 마리아와 또 살로메가 가서 예수께 바르기 위하여 향품을 사다 두었다가 안식 후 첫날 매우 일찍이 해 돋을 때에 그 무덤으로 가며"(막 16:1~2)

3. 무덤에서 어떤 은혜를 받았습니까?

막달라 마리아와 다른 여인들은 주님의 무덤에 찾아갔다가 큰 은혜를 받았습니다.

첫째, 부활하신 주님을 만나는 은혜를 받았습니다. 마리아가 새벽 미명에 무덤에 찾아갔을 때, 이미 돌문이 열려있었습니다. 이는 천사가 하늘로부터 내려와 돌을 굴려냈던 것입니다. 무덤을 지키던 군인들은 무서워 떨며 죽은 사람같이 되었습니다. 여인들은 천사가 전해 주는 예수님의 부활 소식을 듣고 제자들에게 달음질해서 가다가 예수님을 만나게 되었습니다. 부활하신 예수님께서 막달라 마리아와 여인들을 만나주신 것입니다.

기독교는 부활의 종교입니다. 예수님의 무덤은 텅 비어 있었습니다. 여인들의 슬픔은 기쁨으로 바뀌었습니다. 여인들이 부활하신 주님을 만난 것은 놀라운 사실입니다. 우리도 부활하신 주님을 만나는 은혜가 있어야 합니다.

둘째, 예수님의 말씀을 믿게 되는 은혜를 받았습니다. 예수님은 평소에 십자가의 죽음과 부활에 대해 말씀하셨습니다(마 16:21). 예수님은 말씀하시던 대로 다시 살아나셨습니다. 여인들은 예수님의 부활을 목격하게 되고 예수님의 말씀을 믿게 되었습니다. 예수님의 말씀은 진리이고 생명입니다. 그래서 우리는 성경을 하나님의 말씀으로 믿습니다. 우리도 예수님의 부활을 믿어야 합니다.

셋째, 부활의 복음을 전하는 사명의 은혜를 받았습니다. 막달라 마리아와 여인들은 부활하신 주님을 맨 처음 만나는 은혜를 받고 감격했습니다. 그런 여인들에게 주님은 부활의 소식(복음)을 전하는 사명을 주셨습니다. 부활의 복음은 인류에게 큰 위로와 용기와 소망이 되었습니다. 예수님의 제자들도 있고 형제와 가족들도 있었지만, 부활의 기쁜 소식을 맨 처음 전한 사람은 막달라 마리아였습니다. 이는 마리아에게 주어진 사명이면서 자랑스럽고 영광스런 축복이었습니다.

무덤에서도 받을 은혜가 있습니다. 막달라 마리아와 여인들은 주님의 무덤에서 부활하신 예수님을 만났습니다. 그리고 부활신앙과 소망을 가졌습니다. 부활의 복음을 전파하는 최초의 증인이 되었다고 하는 것은 큰 축복이고 영광입니다.

"그가 여기 계시지 않고 그의 말씀하시던 대로 살아나셨느니라. 와서 그의 누우셨던 곳을 보라"(마 28:6)

말씀 실천하기

* 여인들같이 예수님을 사랑하는 마음으로 기도합니까?
* 부활에 은혜로 예수님을 전하는 증인의 삶을 살겠습니까?

합심 기도하기

* 부활의 기쁨을 날마다 누리면서 살게 하소서.
* 부활의 소망을 두며 어려움 가운데도 승리하는 삶을 살게 하소서.

감사하는 인생

본문 말씀 레 23:9~14

이룰 목표
- 하나님의 채워주심에 감사하는 삶을 산다.
- 맥추절에 의미를 바르게 새긴다.

말씀 살피기
- 하나님께서 맥추절을 지키라고 누구에게 말씀하셨습니까?(9절)
- 맥추절을 지키는 방법은 무엇입니까?(10~14절)
- 하나님께서 맥추절을 언제까지 지키라고 말씀하셨습니까?(14절)

소그룹예배 인도 순서

사도신경 다 같이
찬 송 588장(통 307)
기 도 회원 중
본문 말씀 레 23:9~14
새길 말씀 출 23:16
헌금 찬송 589장(통 308)
헌금 기도 회원 중
주기도문 다 같이

말씀 나누기

본문 레위기 23:9~14절은 하나님께서 맥추절 규례를 제정하여 주신 말씀이 기록되어 있습니다. 자녀인 우리도 감사하는 절기를 기억하고 잘 지켜야 합니다. 이것이 하나님을 기쁘시게 하고 우리에게는 복된 삶이라는 것을 말씀을 통해 살펴보겠습니다.

1. 맥추절은 어떤 절기입니까?

맥추절은 다른 말로 '칠칠절', '오순절'이라고도 하는데, 이는 유월절 이후 일곱째 안식일부터 지키는 절기이며, 또 '초실절'이라고도 합니다. 이는 첫 이삭을 거두어서 하나님께 드리는 절기라는 뜻입니다(민

28:26).

첫째, 이 절기는 이스라엘 백성이 가나안 땅에 들어가서 지키는 절기로 하나님께서 예비하신 약속의 땅에서 농사지어 거두게 된 첫 열매(보리) 이삭 단을 드리는 것입니다.

둘째, 수고하고 거둔 것을 가지고 지키는 절기입니다. "네가 수고하여 밭에 뿌린 것의 첫 열매를 거둠이니라"(출 23:16). 수고하지 않으면 거둘 것이 없게 됩니다. 거둔 것이 없으면 하나님께 드릴 것이 없게 됩니다. 수고한 손에 거두게 된 곡식과 열매는 하나님이 주신 축복의 결과입니다. 그래서 하나님께 절기를 지키는 것입니다.

셋째, 밭에 뿌린 것의 첫 열매를 드리는 절기입니다. "네가 토지에서 처음 익은 열매의 첫 것을 가져다가…"(출 23:19)라는 말씀처럼 첫 열매는 귀한 것으로 먼저 하나님께 드리는 것이 순서입니다. 일 년 중에 처음 익은 열매를 거두게 된 농부의 기쁨은 클 것입니다. 그런데 하나님께서는 "그 첫 열매를 내게 바치라"고 말씀하셨습니다.

"너의 토지에서 처음 익은 열매의 첫 것을 가져다가 너의 하나님 여호와의 전에 드릴지니라"(출 23:19상)

2. 무엇을 감사해야 합니까?

하나님이 유대인에게 세 가지 절기를 지키라고 하셨습니다. 그것은 유월절, 맥추절, 수장절입니다. 그런데 이 절기는 광야생활을 끝내고 가나안에 들어가거든 지키라는 것이었습니다. 그러면서 절기를 지키는 가장 중요한 것은 감사하는 마음이라고 말씀하셨습니다.

첫째, 애굽에서 구원해 주신 은혜를 감사하라는 것입니다. 이스라엘 민족은 애굽에서 노예처럼 430년을 지냈습니다. 힘든 노역과 학대로 절망과 낙심 속에 고통의 나날을 보내고 살았습니다. 하나님께서는 저들의 불행을 보았고 부르짖는 소리에 응답하셨습니다. 그래서 모세를 보내 애굽 왕 바로와 군사에게서 기적과 재앙으로 항복을 받아내고 해방시켜 주셨습니다. 그리고 광야길 40년을 지내고 가나안 복지로 구원하여 주셨습니다. 이스라엘 백성이 주권과 신앙의 자유를 얻고 살아가게 된 은혜는 참으로 크다고 하겠습니다.

둘째, 농사짓고 살아갈 땅을 주신 은혜를 감사하라는 것입니다. 가나안 땅은 하나님께서 예비해 두신 약속의 땅이요, 축복의 땅입니다. 땅의 주인은 하나님이십니다. 이스라엘 백성에게 농사짓고 살아갈 땅이 주어진 것은 하나님의 은혜요 축복입니다. 여러분은 경작할 땅을 주신 하나님께 감사하시기 바랍니다.

셋째, 첫 열매를 주신 은혜를 감사하라는 것입니다. 맥추절은 일 년 중에 농사지어 첫 열매를 거두게 된 것을 감사하는 절기입니다. 씨앗을 심고 가꾸어 곡식을 거두기까지는 많은 시간과 수고가 있어야 합니다. 그런데 자라나게 하고 열매를 맺게 하시는 분은 하나님이십니다. 가뭄이나 홍수와 같은 재난이 오면 열매를 거둘 수가 없습니다. 햇빛과 비를 내리시고 곡식을 거두게 하신 하나님께 감사하라는 것입니다.

> "감사로 제사를 드리는 자가 나를 영화롭게 하나니 그의 행위를 옳게 하는 자에게 내가 하나님의 구원을 보이리라"(시 50:23)

3. 절기를 지키는 자에게 주시는 은혜는 무엇입니까?

첫째, 우리가 맥추절을 지키면 하나님이 기뻐하십니다. 하나님의 기쁨은 곧 우리의 기쁨이요, 하나님을 기쁘시게 해드리면 우리에게 감사하고 기뻐할 일들을 만들어 주시는 분이십니다. 여러분은 절기를 잘 지켜서 하나님을 기쁘시고 행복하게 해드리는 성도들이 되어야 합니다. 둘째, 하나님 앞에서 즐거워하는 행복을 누리게 됩니다(신 16:11).

절기는 예루살렘 성에 모여서 지키도록 말씀하셨습니다. 그 때에는 칠 일동안 자녀와 노비와 성중에 있는 레위인과 객과 고아와 과부가 함께 즐거워하라고 했습니다. 맥추감사절은 곧 감사와 기쁨의 잔치입니다. 하나님은 우리가 은혜 안에서 감사하고 즐거워하며 행복하게 살아가기를 원하십니다.

셋째, 속죄의 은혜를 주십니다. 절기 기간 중에는 일 년 된 숫양을 번제로 드리게 됩니다. 번제는 드린 사람과 백성의 죄를 속죄하는 하나님의 은혜가 있습니다. 우리가 하나님께 받는 사랑과 은혜 중에 최고의 은혜는 죄사함을 받는 것입니다. 하나님은 이스라엘 백성의 죄를 사해 주시려고 맥추절기를 지키라고 명령하시고 제도화 하신 것입니다.

이처럼 맥추절은 하나님께서 은혜와 복을 주시는 절기입니다. 맥추절을 온전히 지키므로 하나님께서 주시는 은혜와 복을 받아야 합니다.

> "네 하나님 여호와 앞에 칠칠절을 지키되 네 하나님 여호와께서 네게 복을 주신 대로 네 힘을 헤아려 자원하는 예물을 드리고 너와 네 자녀와 노비와 네 성중에 있는 레위인과 및 너희 중에 있는 객과 고아와 과부가 함께 네 하나님 여호와께서 자기의 이름을 두시려고 택하신 곳에서 네 하나님 여호와 앞에서 즐거워할지니라"(신 16:10~11)

말씀 실천하기

* 어떻게 감사의 표현을 드리겠습니까?
* 풍요로운 맥추절을 위해 이웃과 나누며 함께 기쁨을 누리겠습니까?

합심 기도하기

* 하나님이 채워주심을 겸손히 인정하게 하소서.
* 거둘 수 있음을 감사하며 기뻐하게 하소서.

뜻 있는 추수감사절

본문 말씀 신 16:13~17

이룰 목표
- 추수감사절의 의미를 바르게 이해하고 감사하는 성도가 된다.
- 하나님이 원하시는 추수감사절을 기쁨으로 드린다.

말씀 살피기
- 초막절은 며칠 동안 지켰습니까?(13절)
- 하나님께서 추수감사절을 어떤 마음가짐으로 지키라고 명하셨습니까?(14~15절)
- 하나님께서 추수감사절을 어떻게 지키라고 명하셨습니까?(17절)

소그룹예배 인도 순서

사도신경	다 같이
찬 송	588장(통 307)
기 도	회원 중
본문 말씀	신 16:13~17
새길 말씀	신 16:13
헌금 찬송	587장(통 306)
헌금 기도	회원 중
주기도문	다 같이

말씀 나누기

이스라엘 백성들이 지키는 3대 명절은 유월절(Passover), 맥추절(Feast of Harvest), 초막절(Tabernacles)입니다. 이 중 초막절은 광야시간 40년 동안 장막에서 살며 유랑하던 생활을 기념하는 절기입니다. 초막절은 유대력 7월 15일부터 7일 동안 지켰습니다. 7일 동안은 아무 일도 하지 않고, 화제로 하나님께 드립니다(레 23:34~36). 초막절이 시작되는 첫날과 절기를 마친 다음날 성회로 모여서 화제를 드리고 안식합니다. 예수님께서도 세상에 계실 때에 초막절을 지키셨습니다(요 7:1~24).

오늘날 11월 3째 주일에 지키는 추수감사절(Thanksgiving Day, 秋收感謝節)은, 미국의 청교도로부터 기원이 있습니다. 1620년 영국의 청교도 102명(남 78명, 여 24명)이 메이플라워호를 타고 영국을 떠나 미국에 도착했습니다. 이들은 굶주림과 추위, 질병 등 많은 어려움에도 첫해에 교회를 짓고, 다음해는 학교를, 그리고 3년째야 비로소 자신들을 위해 집을 마련했습니다. 그들은 가을이 되어 풍작을 이루었고 이를 하나님께 감사하며 예배를 드린 것이 추수감사절의 시작입니다. 1863년 링컨 대통령이 11월 마지막 목요일을 추수감사절 선포하였으며 그 후에도 몇 차례 날짜 변경이 있었으나 1941년 의회가 11월 넷째 주 목요일로 결정하고 프랭클린 루스벨트 대통령이 승인하여 지금까지 지켜지고 있습니다. 본문 말씀을 통해 어떻게 뜻있는 추수감사절을 지켜야 하는지 살펴보겠습니다.

1. 뜻 있는 추수감사절이 되려면 감사가 있어야 합니다

레위기 23장 43절 말씀에는 하나님께서 이스라엘 백성에게 초막절을 지키게 하신 목적이 기록되어 있습니다. 하나님께서 이스라엘을 애굽에서 인도하신 후 광야 생활 중에 초막에 거주하게 한 것을 이스라엘 대대로 알게 하려는 것입니다. 풍성한 결실을 주신 하나님께 감사하면서, 광야 40년 동안 함께 하셨던 하나님을 자손 대대로 기억하게 하려는 것입니다. 또한 신명기 16장 15절에 "여호와께서 네 모든 소출과 네 손으로 행한 모든 일에 복 주실 것이니 너는 온전히 즐거워할지니라"고 했습니다. 이는 한 해 동안의 수고가 헛되지 않고 결실을 맺게 하심을 감사하라는 것입니다. 그러므로 하나님께서 주신 풍성한 은혜에 즐거워하고 감사하며 추수감사절을 지켜야 됩니다. 진정한 감사는 우리의 뜻대로 되는 일이나 좋은 일에 감사하는 것을 넘어서 실패하고 병들거나 극심한 어려움에 봉착했어도 감사 할 수 있는 신앙을 말합니다. 비록 삶을 힘들게 할지라도 하나님 나라에 대한 분명한 믿음과 소망을 가지고 살아가는 사람들은 이럴 때 일수록 더욱 감사를 고백합니다.

"주의 은택으로 한 해를 관 씌우시니 주의 길에는 기름방울이 떨어지며 들의 초장에도 떨어지니 작은 산들이 기쁨으로 띠를 띠었나이다 초장은 양 떼로 옷 입었고 골짜기는 곡식으로 덮였으매 그들이 다 즐거이 외치고 또 노래하나이다"(시 65:11~13)

2. 뜻 있는 추수 감사절이 되려면 알곡에의 다짐이 있어야 합니다

추수감사절에 갖추어야 할 마음의 자세가 있습니다. 구원의 은혜를 받은 하나님의 자녀로서 일 년 동안 '쭉정이' 가 아니라 바로 '알곡' 으로 열매 맺었는가 입니다. "손에 키를 들고 자기의 타작마당을 정하게 하사 알곡은 모아 곳간에 들이고 쭉정이는 꺼지지 않는 불에 태우시리라"(마 3:12)는 말씀처럼 참된 성도들의 영혼과 그 삶의 열매가 바로 하나님께는 '알곡'을 얻는 기쁨을 드리는 것이 됩니다. 따라서 추수감사절에 하나님께 대한 감사한 마음으로 먼저 알곡 성도가 되겠다는 다짐을 해야 합니다.

하나님 앞에 떳떳하게 열매 맺는 생활을 하였는지 돌아보는 자세가 필요합니다. 그러므로 추수감사절을 맞아 일 년 동안 삶의 신앙적 열매를 점검해 봐야 합니다. 예수님을 닮은 모습과 사랑과 화평으로 이루어진 인격의 열매가 맺혀 있는지 돌아보아야 합니다. 교회와 가정과 사회에서 어떤 선한 열매가 맺혔는지 살펴봐야 합니다. 열매를 맺는 생활이 하나님의 구원 은혜에 대한 감사의 길입니다. 그리고 농부이신 하나님께 기쁨을 드릴 수 있는 '알곡 같은 성도' 가 되어야 합니다.

"주께 합당하게 행하여 범사에 기쁘시게 하고 모든 선한 일에 열매를 맺게 하시며 하나님을 아는 것에 자라게 하시고"(골 1:10)

3. 영혼의 추수가 있어야 합니다

인생에서 수확은 많은데(돈, 사업, 자녀 등), 영적인 수확이 하나도 없는 상태로 추수 감사절을 맞는 사람들이 많이 있습니다. 진정 의미 있는 추수 감사절이 되려면 영혼의 추수가 있어야 합니다. 부지런히 복음을 전하여 많은 사람들을 전도하였을 때, 그 사람에게 있어서 추수감사절은 참으로 기쁨과 감사가 있는 뿌듯한 감사절이 될 것입니다. 볏단 나르는 농부의 기쁨을 아십니까? 과일을 따는 과수원 주인의 기쁨을 아십니까? 만선으로 돌아오는 어부의 기쁨을 아십니까? 전도의 열매를 많이 맺는 성도에게는 그러한 기쁨과 감사가 넘치게 될 것입니다.

예수님은 영혼의 추수에 관심을 가지십니다. 그래서 "너희는 넉 달이 지나야 추수할 때가 이르겠다 하지 아니하느냐 그러나 나는 너희에게 이르노니 너희 눈을 들어 밭을 보라 희어져 추수하게 되었도다"(요 4:35)라고 말씀하십니다. 들판을 보니 희어져 추수할 때가 되었는데 추수할 일꾼이 없다는 것을 한탄하셨습니다. 먼저 믿은 성도는 추수할 일꾼입니다. 지금 바로 눈을 들어 밭을 봐야 합니다. 구원받아야 하는 수많은 영혼들이 우리를 부르고 있습니다. 그러므로 할 수 있는 대로 많은 사람들에게 복음을 전하므로 뜻있는 추수감사절을 보내야 합니다.

"헬라인이나 야만인이나 지혜 있는 자나 어리석은 자에게 다 내가 빚진 자라, 그러므로 나는 할 수 있는 대로 로마에 있는 너희에게도 복음 전하기를 원하노라" (롬 1:14~15)

말씀 실천하기

* 뜻있는 추수감사절을 보내기 위해 어떤 마음을 가지겠습니까?
* 하나님께 대한 감사로 인해 영적인 추수를 하는 전도자가 되겠습니까?

합심 기도하기

* 삶의 고백이 날마다 감사의 고백이 있게 하옵소서.
* 영적인 추수로 인해 하나님 나라를 많은 사람들이 누리게 하옵소서.

준비하는 성탄

본문 말씀 마 2:1~12

이룰 목표
- 성탄의 기쁨을 넉넉히 누리는 성도가 된다.
- 예수님의 탄생을 준비하며 더 큰 은혜를 사모하는 성도가 된다.

말씀 살피기
- 메시야의 탄생 소식을 들은 헤롯왕은 어떻게 반응했습니까?(2~3절)
- 유대인의 왕이신 예수님은 어디에서 탄생하셨습니까?(6절)
- 동방박사들은 예수님의 탄생을 보고 어떻게 행동했습니까?(11절)

소그룹예배 인도 순서

사도신경	다 같이
찬 송	109장(통 109)
기 도	회원 중
본문 말씀	마 2:1~12
새길 말씀	마 2:10~11
헌금 찬송	112장(통 112)
헌금 기도	회원 중
주기도문	다 같이

말씀 나누기

성탄절에 일어난 사건은 바로 "임마누엘" 사건입니다. 그것은 "하나님이 우리와 함께 계신다"는 말씀이 일어난 사건입니다(사 7:14). 이는 하나님께서 인간의 모습으로 이 땅에 오셔서 우리와 함께 하신 사건입니다. 이것을 성경은 이렇게 표현했습니다. "그는 근본 하나님의 본체시나 하나님과 동등 됨을 취할 것으로 여기지 아니하시고 오히려 자기를 비워 종의 형체를 가져 사람들과 같이 되셨고"(빌 2: 6~7)

이 임마누엘 사건이 일어났던 성탄절에 이 땅에 오신 하나님의 아들 아기 예수를 만난 사람과 만나지 못한 사람들이 성경에 기록되어 있습니다. 시므온과 안나, 목자들, 동방박사 등은 아기 예수를 만났으나, 헤롯왕과 제사장이나 서기관들 그리고 많은 유대의 지도자들은 만나지 못했습니다. 임마누엘 사건은 준비된 사람들에게만 일어났던 것입니다. 그렇다면 어떻게 성탄을 준비해야 할 것인가를 알아보겠습니다.

1. 포기해야 합니다

헤롯왕은 비정상적으로 왕이 된 사람입니다. 본래 유대인의 왕은 다윗의 후손에서 나와야만 그 정통성을 인정받을 수 있습니다. 그런데 헤롯은 로마황제 시저에 의해 유대 왕이 되었고, 유대인의 환심을 사기 위하여 예루살렘 성전을 건축했으며, 굶주린 백성들을 위해 세금을 감면하며 자기 금 접시를 녹여 식량을 사들이기도 했습니다.

그럼에도 불구하고 그는 유대인들에게 인정받지 못했으며 왕위에 대한 열등감을 갖고 있었습니다. 사람들을 의심하였고 죽였으며, 심지어는 자기 부인들과 자식들까지도 죽였던 것입니다.

그런데 동방박사들이 와서 "유대인의 왕으로 태어나신 이가 어디 계시냐"라고 묻고 다니니 헤롯이 놀랄 수밖에 없었습니다. 그는 왕위를 지키기 위한 조치를 취하기 시작했습니다.

그리하여 그는 동방박사들에게 거짓말을 했습니다. 아기 왕을 찾으면 자기에게도 알려 주어서 자기도 경배하게 해달라고 말입니다. 물론 아기 예수를 죽이려는 생각이었습니다. 그러나 동방박사들이 하나님의 지시를 받고 다른 길로 해서 자기 나라로 돌아가 버리자, 헤롯은 동방박사들에게서 들은 시점을 기준으로 하여 베들레헴과 그 부근의 두 살 미만의 아기들을 모두 학살했습니다. 헤롯의 이런 반응은 자기의 기득권, 즉 왕권을 빼앗기게 될 것이 두려워서였습니다. 이렇게 계속해서 자기가 자기의 주인노릇을 하고 왕 노릇을 하려는 사람은 아직 성탄 준비가 안 된 사람입니다. 우리가 우리의 주인 노릇을 포기할 때만이 예수님을 주인으로 모실 수 있는 진정한 성탄을 맞이할 수 있습니다.

"유대인의 왕으로 나신 이가 어디 계시냐 우리가 동방에서 그의 별을 보고 그에게 경배하러 왔노라 하니"(마 2:2)

2. 사모하는 마음이 있어야 합니다

제사장과 서기관들은 메시아가 베들레헴에서 태어난 줄 알았지만, 경배하러 거기에 가지는 않았습니다. 그들은 메시아에 대한 지식은 있었으나 메시아에 관한 관심은 없었고, 알고는 있었으나 행동이 없었습니다. 그리고 그들은 지식적인 준비는 되었으나 마음에 메시아를 모실 준비는 갖지 못하였습니다. 제사장들과 서기관들은 그리스도의 나실 장소를 성경을 통하여 알고 있었습니다. 하지만 신앙의 행동을 취하지는 않았습니다. 그들은 아는 것으로만 그친 것입니다.

서기관과 제사장들은 메시아의 탄생에 대하여 알았으나 경배하러 달려가지 않았습니다. 왜냐하면 메시아에 대한 사랑도, 열정도, 감격도 없었기 때문입니다. 아는 것 따로 행동 따로였습니다. 그래서 성탄절은 왔으되, 예수 없는 성탄절을 보냈습니다. 소풍을 앞둔 아이들은 전날 밤에 잠을 잘 이루지 못하고 설레입니다. 캠핑이나 다른 행사가 있어도 마찬가지입니다. 이번 성탄절에 여러분에게 그런 설렘이 있습니까? 성탄절에 주님을 만나기를 원한다면, 들판의 목자들과 동방박사들처럼 주님을 사모하는 뜨거운 마음이 있어야 합니다.

"박사들이 왕의 말을 듣고 갈새 동방에서 보던 그 별이 문득 앞서 인도하여 가다가 아기 있는 곳 위에 머물러 서 있는지라 그들이 별을 보고 매우 크게 기뻐하고 기뻐하더라"(마 2:9~10)

3. 우선순위가 있어야 합니다

본문에는 서로 대조적인 두 부류의 사람들이 등장합니다. 여관주인과 동방박사들입니다. 성경은 "여관에 있을 곳이 없으므로"(눅 2:7)라고 하였습니다. 말씀처럼 여관주인은 왜 예수님을 맞이하지 못했을까요? 아마도 너무 바빠서 그랬을 것입니다. 여관주인은 일상적인 삶이 우선순위가 되어서 무엇이 더 중요한가를 망각하고 있는 사람이었습니다. 그는 너무 바빠서 예수님을 생각할 겨를이 없었습니다.

반면에 동방박사들은 만사를 제쳐두고 메시아를 만나러 왔습니다. 그들에게 바쁜 일이 없었을까요? 아닙니다. 다만 그들이 별을 보았을 때, 메시아를 만나서 경배해야 한다는 것이 모든 것보다 우선순위가 되었을 뿐입니다. 그들은 메시아를 만나기 위해서 만사를 제쳐두었던 것입니다. 결국은 우선순위의 차이였습니다.

동방박사처럼 만사 제쳐두고 예수님을 위해 달려가시지 않겠습니까? 우선순위에 조정이 있을 때에 비로소 성탄절이 진정한 성탄절이 될 수 있을 것입니다.

"천사들이 떠나 하늘로 올라가니 목자가 서로 말하되 이제 베들레헴으로 가서 주께서 우리에게 알리신 바 이 이루어진 일을 보자하고"(눅 2:15)

말씀 실천하기

* 예수님의 탄생을 기뻐하기 위해 어떤 준비를 하겠습니까?
* 동방박사들과 같이 예수님께 우선순위를 두고 생활하겠습니까?

합심 기도하기

* 예수님을 사모하는 마음을 가지고 성탄을 맞이하게 하옵소서.
* 예수님의 탄생을 준비함으로 성탄의 의미를 깨닫고 실천하게 하옵소서.